»Ein Wort, das ein Kind nicht kennt,
ist ein Gedanke, den es nicht denken kann!«

Wolfgang Maier, 1999

Jutta Bläsius

Papperlapapp

Sprachförderung aus dem Pappkarton

Don Bosco

Bibliografische Information der Deutschen Nationalbibliothek

Die Deutsche Nationalbibliothek verzeichnet diese Publikation in der Deutschen Nationalbibliografie; detaillierte bibliografische Daten sind im Internet über http://dnb.d-nb.de abrufbar.

ISBN 978-3-7698-1705-8
1. Auflage 2008
© 2008 Don Bosco Verlag, München
Umschlag: ReclameBüro, München
Titel- und Innenillustration: Petra Lefin
Produktion: Don Bosco Druck & Design, Ensdorf

Gedruckt auf umweltfreundlichem Papier

Inhalt

Papperlapapp: Wie Sprachförderung gelingt
Sprachförderung im Elementarbereich 6
Voraussetzungen für eine sinnvolle Sprachförderung 8
Die Spiele aus dem Pappkarton 11
Die Pappkartons 13

Die Spielesammlung aus dem Pappkarton
Wir machen gemeinsame Sache –
    Zusammengesetzte Wörter 17
Zusammensetzungen mit gleichen Bestimmungswörtern . . . 29
Zusammensetzungen mit gleichen Grundwörtern 40
Eine lange Wörterschlange – Das Grundwort wird
    zum Bestimmungswort 60
Wir können die Plätze tauschen – Grund- und
    Bestimmungswort sind umkehrbar 66
Wir stehen über allem – Oberbegriffe finden 71
Wie und was ist denn das? –
    Adjektive (Eigenschaftswörter) 80
Reim dich oder ich fress dich – Spielideen mit
    Reimwörtern 86
Gleich und doch nicht gleich – Teekesselchenspiele 96
Gegensätze ziehen sich an – Spielideen mit Antonymen . . . 102
In, auf, oben, unter – Spiele rund um die Präpositionen 110
Der, die, das – was ist was? – Spiele rund um die
    Artikel 117

Literaturverzeichnis 126

Papperlapapp: Wie Sprachförderung gelingt

Sprachförderung im Elementarbereich

Sprachförderung ist das große Thema, das im pädagogischen Bereich, in der Öffentlichkeit und der Politik diskutiert wird.
In Fachbüchern, auf Fachtagungen und in unzähligen Diskussionsrunden wird für Sprachentwicklungsbögen, für Sprachtests, Materialien zur Sprachstandserhebung, für Sprachförderkurse und standardisierte Trainingsprogramme geworben.
All dies mögen wichtige Instrumente und Möglichkeiten sein, die die Förderung der Sprachentwicklung von Kindern untermauern, unterstützen und sinnvoll ergänzen.
Es stellt sich jedoch die Frage, inwieweit solche Maßnahmen und Angebote die kindlichen Bedürfnisse berücksichtigen und dem kindlichen Interesse an Sprache gerecht werden.
Vor allem Sprachtrainingsprogramme bergen die Gefahr, dass hier isoliert, schulisch und auf bestimmte Aspekte reduziert, sprachliches Wissen vermittelt wird.

Gerade im vorschulischen Bereich muss jedoch ein ganzheitlicher Ansatz gesucht und praktiziert werden, denn der Prozess des Spracherwerbs ist kein isoliert stattfindendes Geschehen. Sprache ist vielmehr von Geburt an in die kindliche Gesamtentwicklung eingebettet. Der Sprachlernprozess beeinflusst wechselseitig motorische, sensorische, kognitive, emotionale und vor allem soziale Prozesse.

Bestimmte Grundprinzipien gilt es zu berücksichtigen:
Sprachbegleitung und Sprachförderung
- muss sich an dem kindlichen Entwicklungsstand orientieren,
- muss mit dem Kind und nicht über es hinweg praktiziert werden,
- muss lebensnah und authentisch sein,
- muss alle Sinne ansprechen,
- muss dem Kind immer wieder vielfältige Handlungsmöglichkeiten bieten,
- muss spielerisch gestaltet werden,
- muss lebendig und anschaulich sein,
- muss abwechslungsreich und vielseitig an Kinder herangetragen werden,
- muss das kindliche Interesse immer wieder aufs Neue wecken,
- muss Kindern helfen, ihren in den ersten Lebensjahren erworbenen passiven Sprachschatz in aktive Sprache umzuwandeln,
- muss Kinder vom Konkreten zum Abstrakten, d.h. vom Greifen über das Begreifen zum Begriff führen.

Je lebensbezogener, abwechslungsreicher, differenzierter und phantasievoller Kinder Sprache erleben, um so umfassender entfaltet sich ihr Sprachverständnis, ihr Wortschatz und ihre sprachliche Ausdrucksfähigkeit.

Möglichkeiten hierzu bieten u. a. Fingerspiele, Gedichte, Geschichten, Lieder, Bilderbücher, Rollenspiele, Rätsel, Reime und natürlich all jene Alltagssituationen, in denen Sprache als Mittel zur Kommunikation der unterschiedlichsten Art zwischen Kindern, zwischen Erwachsenen und zwischen Kindern und Erwachsenen erkannt und genutzt wird.

Voraussetzungen für eine sinnvolle Sprachförderung

Eine wichtige Voraussetzungen, damit Sprachangebote letztendlich zu einer natürlichen, vernünftigen, lustvollen und lebendigen Sprachentwicklung der Kinder beitragen, ist die entsprechend gestaltete **Umgebung**.

Dazu gehört u. a. ein liebevoll hergerichteter, ruhiger und vor allem sinnvoll ausgestatteter Spiel- und Lebensraum, in dem die Kinder konzentriert arbeiten und sich beschäftigen können. Hier finden sie Anregungen, um Sprache in ihrer Vielfalt zu erleben und sich gezielt mit Sprache zu beschäftigen.

Die pädagogischen Fachkräfte sind sich bewusst, dass Sprache in erster Linie in das Alltagsleben, in Alltagssituationen und -handlungen integriert werden muss. In natürlichen Gesprächsanlässen kann sie als spontanes, authentisches Kommunikationsmittel in ihrer ganzen Vielfalt und Bandbreite erlebt und gelebt werden.

Eine weitere wichtige Rolle im Spracherwerbsprozess spielen all jene **Gegenstände**, die Kinder in der handelnden Auseinandersetzung in ihrem Alltag kennen lernen, die sie in ihrem Lebensumfeld wiederfinden und nutzen.

Je jünger die Kinder sind, um so eher muss Sprache über Handlungen und über den Umgang mit konkreten, realen Gegenständen vermittelt werden. Hier steigt durch die möglichst intensive, sinnliche Auseinandersetzung mit dem Gegenstand und dessen gleichzeitiger sprachlicher Benennung die Wahrscheinlichkeit eines späteren Wiedererkennens und Einprägens des Begriffs stark an.

Nur über das Greifen wird ein Entwicklungsprozess in Gang gesetzt, der es den Kindern letztendlich ermöglicht, immer abstraktere Denkprozesse auszuführen.

Vom Greifen zum Begreifen ist eine in Fachkreisen bereits bekannte Aussage, die jedoch weitergeführt werden muss und folgender Ergänzungen bedarf:

> Vom Greifen zum Begreifen,
> vom Begreifen zum Begriff,
> vom Begriff zur Abstraktion,
> von der Abstraktion zu komplexem Denken.

Erst mit zunehmendem Alter ist das Kind in der Lage zu verstehen, dass Sprache auch auf einer abstrakten Ebene genutzt werden kann und einzelne Wörter Symbolfunktion übernehmen. Es muss den Ball nun nicht mehr sehen, um über ihn erzählen zu können. Es hat gelernt, dass die Wörter, die es kennt, für etwas stehen. Es kann dadurch auch über Dinge sprechen, die sich nicht in seinem direkten Umfeld befinden, es kann Vergangenes, Zukünftiges, seine Gedanken, Gefühle, Vorstellungen verbalisieren.

Die hier geleistete Abstraktionsfähigkeit setzt jedoch immer voraus, dass Kinder zuvor ausreichend Gelegenheit hatten, sich selbsttätig und vielseitig mit den Dingen zu beschäftigen.

Vor allem die Auseinandersetzung mit Alltagsgegenständen hilft dem jungen Kind, sich die sachliche und sprachliche Welt zu erschließen. Es beschäftigt sich gerne mit Gegenständen, die es umgeben, spielt mit dem Kochlöffel, mit leeren Dosen, mit dem Schneebesen, mit Schüsseln oder dem Küchenwecker.

Wie heißen die Dinge? Wozu werden sie gebraucht? Wie werden sie gehandhabt? Wo werden sie aufbewahrt? Fragen über Fragen, die natürlich Antworten verlangen. Diese Antworten wiederum bieten über die verbale Auseinandersetzung mit den Alltagsgegenständen ein reichhaltiges Übungsfeld für Sprache.

Alle Anforderungen, die wir an ein gutes Sprachmaterial stellen, erfüllen folglich vor allem Materialien aus dem direkten Lebensumfeld der Kinder. Dies hat den Vorteil, dass keine teuren Spiele oder Arbeitsmappen gekauft werden müssen. Die Kinder finden in der realen Auseinandersetzung mit diesen Gegenständen den Zugang zu neuen Wörtern, zu Nomen und zu Präpositionen.

Das Hantieren mit den Dingen ermöglicht ihnen, über ihre Sinne viele Erfahrungen und Erkenntnisse zu sammeln, die in der Nutzung von Bildmaterial oder Arbeitsblättern nicht möglich sind.

Der Einsatz von Arbeitsblättern muss daher immer wieder überdacht und auf die Notwendigkeit bzw. Zweckmäßigkeit und deren Nutzen hin überprüft werden.

In der handelnden Auseinandersetzung mit realen Dingen können die Kinder dagegen viele unterschiedliche Sinneserfahrungen sammeln, die ein realistisches und ganzheitliches Bild des Gegenstands vermitteln. Wie fühlt sich ein Wasserhahn an? Ist er leicht oder schwer, kalt oder warm? Wie schmeckt Teezucker? Wie wird ein Teebrühlöffel geöffnet und geschlossen?

Kinder sind in der Regel sehr an Sprache interessiert. Während es zunächst im Umgang mit den Gegenständen darum geht, deren Namen, deren Handhabung und deren Eigenschaften kennen und benennen zu lernen, kann die Auseinandersetzung mit Sprache bei älteren Kindern bereits einen Schritt weiter gehen.

Schon Kinder im Vorschulalter interessieren sich für Besonderheiten unserer Sprache, beschäftigen sich gerne mit Oberbegriffen, mit Reimwörtern oder mit den Wortzusammensetzungen. Auch hierzu sollten und können wir ihnen bereits entsprechende Materialien anbieten, die ihr Interesse an Sprache erhalten, sie neugierig auf weitere Sprachthemen machen und ihre Sprachentwicklung spielerisch fördern. Wir geben ihnen damit gezielt einen tiefgehenden Einblick in unsere Sprache. Möglicherweise wird dem einen oder anderen dadurch bewusst, wie komplex und letztendlich auch wie kompliziert die deutsche Sprache ist.

Die Spiele aus dem Pappkarton

Kisten, Schachteln oder Kartons wecken in hohem Maße das Interesse und die Aufmerksamkeit der Kinder. Es sind Gegenstände, die neugierig machen, denn auf den ersten Blick lässt sich nicht erkennen, was sich darin versteckt, welche Geheimnisse und Schätze darin verborgen sind. Die Kinder müssen sie erst öffnen, um den Inhalt zu entdecken.
Diese kindliche Neugierde können wir nutzen und Kinder spielerisch und kindgemäß an Sprache heranführen, indem wir die „Sprachmaterialien" zu verschiedenen Themen in unterschiedliche Kartons, Schachteln und Kisten geben.

Mit dem Vorstellen der Behältnisse beginnt bereits die sprachliche Auseinandersetzung. Was ist hier zu sehen? Ist es ein Karton, eine Schachtel, eine Dose? Wie lässt sich die Kiste, der Behälter öffnen? Was verbirgt sich darin? Wie heißen die einzelnen Gegenstände? Wozu werden sie benutzt?

Wir befinden uns mitten drin – im Übungsfeld Sprache. Für welche Behältnisse Sie sich als Aufbewahrungsform für die Gegenstände entscheiden, bleibt Ihnen überlassen. Daher werden im Folgenden die Begriffe Behälter und Karton synonym für alle Verpackungsmöglichkeiten gebraucht.

Die Inhalte der einzelnen Behältnisse sind so zusammengestellt, dass Kinder systematisch und differenziert unterschiedliche Sprachkenntnisse spielerisch erwerben, festigen oder vertiefen können.
Die Kinder erhalten zum Beispiel gezielt einen kleinen Einblick in die Welt der Substantive und der zusammengesetzten Nomen. Sie beschäftigen sich mit einfachen Reimwörtern, erkennen, dass es für verschiedene einzelne Dinge einen Sammelnamen, einen Oberbegriff gibt.
Ganz nebenbei werden natürlich viele weitere Sprachkenntnisse bezüglich des Wortschatzes, der Grammatik, der Phonetik oder der Artikulation vermittelt.
Die Spielideen sind derart gestaltet, dass sowohl der passive, als auch der aktive Wortschatz der Kinder erweitert wird.

Bitte verstehen Sie die einzelnen Spielideen nur als Anregungen und Vorschläge. Sie müssen nicht starr übernommen werden. Bemühen Sie sich vielmehr darum, die Spiele in modifizierter Form an die mitspielenden Kinder heranzutragen. So kann der Inhalt einer Kiste mit anderen Gegenständen bestückt werden. Reduzieren oder erweitern Sie die jeweiligen Materialien innerhalb einer Spielidee oder vereinfachen, bzw. erschweren Sie die ein oder andere Aufgabe. Vielleicht haben die Kinder ja auch eigene Ideen, wie sie die Gegenstände und Spiele nutzen möchten. Greifen Sie diese Vorschläge auf und machen Sie das Beste daraus.

Viele Spiele haben Wettkampfcharakter. Die Kinder können z. B. bei richtiger Aufgabengestaltung Spielchips sammeln. Wer am Ende die meisten Chips besitzt, ist Sieger des Spiels. Diese Spielform schafft Anreize für ältere Kinder. Jüngere Kinder haben noch kein Interesse daran und kein Bedürfnis, sich mit anderen zu messen und zu vergleichen. Die Spiele kommen aber auch problemlos ohne Wettkampfgedanke aus. Orientieren Sie sich vor allem am Entwicklungsstand und an den Bedürfnissen der Kinder!

Die Pappkartons

Bevor Sie nun beginnen, Aufbewahrungsmöglichkeiten der unterschiedlichsten Art zu sammeln, hier noch ein paar Tipps zur weiteren Bearbeitung und zur Bestückung der Behältnisse.
Achten Sie z. B. darauf, dass die Behälter nach Möglichkeit keine Bild- oder Schriftaufdrucke aufweisen. Das kann die Kinder in der Arbeit unnötig ablenken. Aufgedruckte Motive eignen sich nur dann, wenn sie zum Thema der Sprachspiele passen.
Damit schnell zu erkennen ist, um welchen Karton es sich handelt, sollten sie gekennzeichnet werden. Entsprechend dem jeweiligen Inhalt können Sie die Behälter bemalen, mit passendem Bildmaterial bekleben oder beschriften. Wählen Sie eine dem Alter und dem Entwicklungsstand der Kinder angebrachte Möglichkeit aus.

Wer besonders geschickt im Basteln ist, kann in manchen Kartons eine Abtrennung anbringen. Dadurch entstehen zwei Fächer, in die die Kinder die Gegenstände nach dem Spiel einsortieren können. Behälter mit zwei Fächern eignen sich vor allem als Aufbewahrungskiste für Sprachspiele mit zusammengesetzten Wörtern (s. Gerümpelkiste, Dosenkarton, Löffelkarton oder Teekiste). Dadurch beschäftigen sich die Kinder unbewusst auch noch beim Einräumen der Gegenstände mit Sprache.

Die Behälter besitzen immer die gleiche Grundausstattung. Woraus diese im Einzelnen besteht, wird hier deutlich:
Die Kartons enthalten verschiedene **Gegenstände**, die sich natürlich von Kiste zu Kiste unterscheiden und die thematisch sortiert sind. Diese Materialien sollten aus dem direkten Lebensumfeld der Kinder kommen. Sie können gemeinsam mit ihnen gesammelt und in die entsprechenden Behälter gepackt werden. Dies garantiert einen gewissen Wiedererkennungseffekt. Die Gegenstände werden in unterschiedlichen Situationen und Zusammenhängen gesehen und erlebt und prägen sich in unterschiedlichen Bereichen ein. Das ermöglicht den Kindern einen Transfer zu schaffen, der zur Vertiefung der sprachlichen Ebene beiträgt.

Benötigen Sie weitere Dinge, lohnt es sich vor einem Einkauf in der Elternschaft, bei Bekannten oder Verwandten danach zu fragen und auf Flohmärkten Ausschau zu halten.
Achten Sie darauf, dass die Gegenstände klar und eindeutig sind, so dass die Kinder auf den ersten Blick erkennen können, worum es sich handelt.

Parallel zu jedem Material sollten Sie eine passende **Bildkarte** anfertigen, auf der z. B. deutlich zu erkennen ist, wozu der Gegenstand gebraucht wird. So passt zum Jogurtlöffel ein Bild, auf dem jemand einen Jogurt isst, oder das einen Jogurtbecher zeigt.

Die Kinder können die Gegenstände den Bildkarten zuordnen, die Karten zu den Gegenständen legen oder sie zu weiteren Spielideen nutzen.

Im Umgang mit den Bildern wird vor allem das Abstraktionsvermögen der Kinder geschult.

Denken Sie bei der Herstellung der Bildkarten daran, dass vor allem junge Kinder eine andere Betrachtungsweise der Bilder haben als wir Erwachsene. Klare, eindeutige Darstellungen der jeweiligen Gegenstände sind daher vorteilhaft.
Solche Abbildungen finden Sie gelegentlich in Zeitschriften oder Katalogen. Natürlich sollten Sie Kinder und Eltern in die Suche nach entsprechendem Bildmaterial einbeziehen. Ist einmal absolut nichts Passendes zu finden, können Sie die Gegenstände fotografieren.

Damit auch ältere Kinder Spaß und Interesse an der Arbeit mit den Kartons haben, sollten Sie **Namenkarten** herstellen. In Großdruckbuchstaben stehen hier die Namen der Gegenstände (PLASTIKLÖFFEL, SEIFENDOSE …). Auch sehr junge Kinder, die sich bereits im Lesen und Schreiben üben, ordnen diese Karten gerne den entsprechenden Materialien zu oder schreiben die Begriffe ab. Ist auf der Karte zudem der entsprechende Gegenstand abgebildet, können die Kinder alleine und ohne ihre Hilfe tätig werden und den Begriff sogar „lesen".

Ein **Fühlbeutel** ist ebenfalls Bestandteil vieler Kartons. Seine Größe muss den vorhandenen Materialien angepasst sein.
Die Kinder können in Einzel-, Partner- oder Gruppenarbeit immer wieder Gegenstände verschwinden lassen, diese erfühlen und vor dem Herausziehen beschreiben und benennen.

Die kurzen Informationen zu Beginn eines jeden Themas dienen als kleine Einführungshilfe. Sie machen deutlich, worum es bei den jeweiligen Spielen, Texten, kleinen Gedichten usw. geht.

Verstehen Sie sie aber bitte lediglich als Information für den Erwachsenen. In der direkten Arbeit mit den Kindern haben abstrakte Erklärungsversuche und Lehrstunden zum Vermitteln grammatischer Formen oder Fachausdrücke nichts zu suchen! Hier steht immer die spielerische, kindgerechte und lustvolle Auseinandersetzung mit Sprache im Vordergrund des Spielgeschehens.

Bitte bedenken Sie zu guter Letzt noch Folgendes: Beschäftigen wir uns im pädagogischen Alltag mit Sprache, sollte dies auf eine fundierte, professionelle Art und Weise geschehen. Dies setzt natürlich zunächst das Vorhandensein grundlegender Kenntnisse der deutschen Sprache voraus. Des weiteren müssen die pädagogischen Fachkräfte über profundes Wissen bezüglich der Entwicklung, des Verlaufs und eventueller Störungsbereiche der kindlichen Sprachentwicklung verfügen.

Die Spielesammlung aus dem Pappkarton

Wir machen gemeinsame Sache – Zusammengesetzte Wörter

Die deutsche Sprache kennt neben den einfachen Substantiven, die auch Namenwörter, Nennwörter, Dingwörter, Hauptwörter oder Nomina genannt werden, eine Vielzahl an Wortzusammensetzungen, die sogenannten Komposita. Diese bestehen aus zwei oder mehr Gliedern selbstständig vorkommender sprachlicher Elemente. Kombinationen unterschiedlicher Wortarten sind möglich:

Nomen + Nomen = zusammengesetztes Nomen
das Haus + das Dach = das Hausdach

Adjektiv + Nomen = zusammengesetztes Nomen
klein + die Stadt = die Kleinstadt

Nomen + Adjektiv = zusammengesetztes Nomen
der Stein + hart = steinhart

Verb + Nomen = zusammengesetztes Nomen
schreiben + Tisch = der Schreibtisch

Kinder kennen natürlich durch den täglichen Umgang mit Sprache viele unterschiedliche Wortzusammensetzungen. Es geht nicht darum, ihnen gezielt neue Begriffe zu vermitteln. Anliegen der folgenden Spiele ist es vielmehr, ihnen deutlich zu machen, wie unsere zusammengesetzten Wörter überhaupt entstehen und ihnen zu zeigen, wie sie selbst aus zwei Wörtern ein neues Wort bilden können. Alltägliche, reale Gegenstände, die zudem Substantive darstellen, kommen hier zum Einsatz. Sie machen, im Gegensatz zu abstrakten Begriffen wie Albtraum, Zauberwort, Freundschaft usw. Wörter sichtbar und begreifbar.
Durch die Verknüpfung zweier Begriffe zu einem Kompositum können die Kinder die Bildungsprinzipien vieler Zusammensetzungen sehen und nachvollziehen.
Leider lassen sich nicht alle Komposita durch wortgetreues Aneinanderreihen zweier Begriffe bilden wie z. B. Gummi – Bärchen, Haus – Dach, Spiel – Karte. Viele Zusammensetzungen besitzen zusätzliche Laute, die an den Wortfugen eingefügt werden. Dies sind die sogenannten Fugenlaute oder Fugenzeichen.
Als Fugenlaute benutzen wir häufig -s-, -(e)n- -e- und -er-. So sprechen wir von der Gehaltsabrechnung, dem Insektenstich, der Hundehütte oder dem Hühnerei. Genaue, eindeutige Regeln, die den Gebrauch der Fugenlaute erklären und verständlich machen, existieren leider nicht. Es wird vermutet, dass sie in erster Linie unsere Sprache wohlklingend und gefällig machen sollen.

Muttersprachler prägen sich die Verwendung der jeweiligen Fugenzeichen im täglichen Sprachgebrauch automatisch ein. Fremdsprachige Kinder und vor allem Erwachsene müssen die einzelnen

Zusammensetzungen mit ihren entsprechenden Fugenlauten im Ganzen erlernen.

DIE GERÜMPELKISTE

Die Gerümpelkiste hat ihren Namen von der bunten Mischung ihres Inhalts. Auf den ersten Blick wirken die Gegenstände wahllos zusammengewürfelt. Erst bei genauerem Hinschauen wird deutlich, dass hier System hinter dem Durcheinander steckt. Die Kiste enthält zum einen Gegenstände, deren Namen aus Wortzusammensetzungen gebildet sind (z. B. ein Vogelhaus). Zum anderen befinden sich Materialien darin, die das Grundwort und das Bestimmungswort gegenständlich repräsentieren (ein Vogel und ein kleines Haus).

Die in der Liste aufgeführten Materialien sind sehr gezielt ausgewählt. Es handelt sich hier vor allem um solche Komposita, die ohne Fugenlaute auskommen. So können die Kinder problemlos mit den Materialien exakte Wortzusammensetzungen bilden bzw. die Zusammensetzungen wieder in zwei einzelne Wörter zergliedern.

INHALT DER GERÜMPELKISTE

- Ein Würfel, Zucker, ein Stück Würfelzucker
- Ein kleines Haus, ein Schuh, ein Hausschuh
- Ein Gummi, ein Bärchen, ein Gummibärchen
- Ein kleiner Vogel, ein kleines Haus, ein Vogelhäuschen
- Ein kleines Spiel, ein Geldstück, Spielgeld
- Ein Serviettenpäckchen, ein Ring, ein Serviettenring
- Ein Pflaster, ein Stein, ein Pflasterstein
- Ein Spiel, eine Karte, eine Spielkarte
- Ein Bonbon, Papier, ein Bonbonpapier
- Ein Geldstück, ein Beutel, ein Geldbeutel
- Ein Plastikfisch, eine Dose, eine Fischdose

SPIELE MIT DER GERÜMPELKISTE

Raus aus der Kiste

Nehmen Sie mit den Kindern alle Gegenstände einzeln aus der Kiste und lassen Sie sie benennen. Sicher können die Kinder zu vielen Dingen etwas erzählen, z. B. ob sie den Gegenstand aus ihrem Alltag kennen, wozu sie ihn benutzen, wo er gekauft wird. Vielleicht erkennt das eine oder andere Kind auch schon einen Zusammenhang zwischen den verschiedenen Dingen. Aber darum geht es in dieser Erzählrunde noch gar nicht. Hier stehen zunächst die Bezeichnung der Gegenstände und die Auseinandersetzung mit den Dingen auf sprachlicher Ebene im Vordergrund des Spielgeschehens.

Einer bleibt übrig

Drei Gegenstände liegen auf dem Tisch, z. B. das Pflaster, der Stein und der Vogel. Die Kinder sollen herausfinden, welcher Gegenstand nicht hierhin gehört.
Zeigen Sie den Kindern, wie aus zwei Gegenständen durch die Kombination beider ein neuer Begriff entsteht. Der dritte Gegenstand bleibt demzufolge übrig und gehört nicht dazu.

Beispiel: Das Pflaster, der Stein und der Vogel liegen auf dem Tisch. Die Kinder legen den Stein und den Vogel nebeneinander und „lesen" Steinvogel. Da es dieses Wort nicht gibt, versuchen sie eine neue Kombination, indem sie den Vogel an erster Stelle, den Stein an die zweite Stelle legen. Aber auch dieses Wort, Vogelstein, existiert nicht. Sie versuchen erneut ihr Glück, bis sie zu „Pflasterstein" gelangen. Da hier die beiden passenden Gegenstände in der richtigen Reihenfolge gelegt sind, bleibt der Vogel übrig.

Die Gegenstände werden weggeräumt und drei weitere Materialien aus der Gerümpelkiste auf den Tisch gelegt. Das Spiel kann erneut beginnen.

Bei älteren Kindern kann die Anzahl der Gegenstände natürlich erhöht werden. Hier liegen vielleicht fünf oder sogar sieben Materialien auf dem Tisch, die einander zugeordnet werden müssen.

Zudem sollen die Kinder wirklich nur die Gegenstände benennen, mit denen sich keine neuen Wortzusammensetzungen bilden lassen, die also übrig bleiben.

Aus zweien wird eins

Wählen Sie zwei Dinge aus und legen Sie diese nebeneinander. Benennen Sie beide Teile schnell hintereinander. Suchen Sie nun unter den Materialien den zuletzt benannten Gegenstand heraus und legen Sie ihn neben die beiden anderen Materialien. „Lesen" Sie noch einmal die einzelnen Wörter.

Beispiel:
Legen Sie die Servietten und den Ring dicht nebeneinander. Sprechen Sie schnell: „Servietten – Ring" und zeigen Sie jeweils auf die entsprechenden Gegenstände. Suchen Sie den Serviettenring und legen Sie ihn neben die beiden anderen Materialien. „Lesen" Sie nun noch einmal: „Servietten – Ring = Serviettenring".

Die Kinder verfahren mit den anderen Gegenständen ebenso, bis alle Materialien einander zugeordnet sind.
Lassen Sie die Kinder immer wieder die einzelnen Reihen „lesen". Das macht ihnen besonders viel Spaß.

1, 2, 3 – ich koche heute Wörterbrei

Eine kleine Schüssel, ein Suppenlöffel und die Materialien aus der Gerümpelkiste liegen griffbereit.

Erzählen Sie den Kindern, dass sie sich in einer Hexenküche befinden. Aus Wörterbrei entstehen neue Wörter.

Nehmen Sie mit dem Löffel nacheinander zwei Gegenstände auf (z. B. Plastikfisch und kleine Dose) und geben Sie sie in die Schüssel.

Während Sie den folgenden Spruch sprechen, rühren Sie mit dem Löffel in der Schüssel.

> „1, 2, 3 – ich koche heute Wörterbrei.
> Spinnenbein und Fledermaus,
> welches Wort kommt hier heraus?"

Die Kinder dürfen einen Blick in die Schüssel werfen und überlegen, welches neue Wort durch die Kombination der beiden Gegenstände entsteht (= Fischdose). Wer dieses Wort zuerst nennen kann, wird neuer Hexenkoch/Hexenköchin und kann sich im Zubereiten von Wörterbrei üben.

In der Reparaturwerkstatt

Die Kinder bestimmen im Raum einen Bereich zur Werkstatt. Hier übernehmen zunächst Sie die Rolle des Meisters, eventuell mit einem Kind als Gehilfen. Später kann ein Kind diese Aufgabe auch alleine bewältigen.
Die Gegenstände aus zusammengesetzten Substantiven liegen in der Werkstatt. Die Gegenstände aus einfachen Hauptwörtern werden wahllos an die Kinder verteilt.
Alle bewegen sich zur Musik durch den Raum und tauschen dabei immer wieder die Materialien untereinander aus. Bei Musikstopp betrachtet jeder das Teil, das er gerade in der Hand hält. Es gilt nun, möglichst schnell das Kind mit dem zweiten, passenden Gegenstand zu finden.

Paare, die sich gefunden haben, flitzen schnell in die Werkstatt. Hier kontrollieren Sie als Meister, ob die beiden Gegenstände zueinander

passen und ein neues zusammengesetztes Wort ergeben. Dieses müssen die Kinder nennen. Paare, die ein richtig zusammengesetztes Wort gefunden haben, können sich aus dem Werkstattvorrat den entsprechenden Gegenstand nehmen und somit aus ihren beiden Begriffen ein neues Wort herstellen.
Haben sich alle Paare gefunden, beginnt das Spiel von Neuem.

Wer wird König der Wortschöpfer?

In diesem Spiel werden die Kinder zu Worterfindern, wenn es ihnen gelingt, aus zwei Gegenständen ein neues, bisher unbekanntes Wort zu kreieren.

Alle Materialien, die aus einem einfachen Substantiv bestehen, wandern in den Tastbeutel. Ein Kind zieht nun wahllos zwei Gegenstände heraus. Es betrachtet sie kurz und legt sie dann in einer selbst gewählten Reihenfolge nebeneinander.

Es gilt genau zu überlegen, wie die Gegenstände platziert werden.

Beispiel:
Zieht ein Kind ein Bärchen und die Servietten aus dem Beutel und legt zuerst das Bärchen, dann die Servietten, so hat es Pech und geht leer aus. Das neue Wort hieße Bärchen-Servietten – es wären also Servietten mit Bärchen. Dieses Wort existiert bereits, denn Bärchen-Servietten gibt es wirklich. Anders herum gelegt entstünde ein Servietten-Bärchen. Dies wäre im Sinne des Spielgedankens eine gelungene Wortneuschöpfung.

Das Kind stellt den Mitspielern seine gefundene Wortkreation vor. Gemeinsam überlegen alle, ob es das Wort vielleicht schon gibt, oder

ob es sich dabei wirklich um eine völlig neue Wortschöpfung handelt, denn dann erhält das Kind einen Spielchip. Die Gegenstände wandern zurück in den Tastbeutel und der nächste Spieler ist an der Reihe.
Wer am Ende die meisten Spielchips besitzt, wird zum König/ zur Königin der Wortschöpfer ernannt.

Aus eins mach zwei

In den bisherigen Spielen haben die Kinder aus zwei verschiedenen Begriffen durch Aneinanderreihen der Wörter einen neuen Begriff entstehen lassen.
Nun geht es darum, aus einem Kompositum wieder zwei einzelne Wörter zu bilden.

Dazu müssen Sie zunächst die Gegenstände, die aus zwei zusammengesetzten Wörtern bestehen von den restlichen Materialien trennen und in einen Tastbeutel geben. Ein Kind zieht nun aus diesem Tastsäckchen einen Gegenstand heraus. Wie heißt er? Welche beiden Wörter verstecken sich in dem Namen?

Das Kind sucht die entsprechenden Gegenstände unter den auf dem Tisch liegenden Materialien heraus, legt alle drei Teile nebeneinander und benennt sie noch einmal: Würfelzucker = Würfel, Zucker.

Das nächste Kind zieht einen Gegenstand aus dem Tastbeutel, benennt ihn ebenfalls und zerlegt ihn in die Einzelteile. Die beiden benannten Materialien werden dazu gelegt. Die Wortzerlegung wird für die Kinder deutlich sichtbar und begreifbar.
Das Spiel wird fortgesetzt, bis das Tastsäckchen leer ist.

„Greift zu!"

Der Inhalt der Kiste liegt auf dem Tisch. Erzählen Sie eine Geschichte, in der die ausgelegten Gegenstände immer wieder genannt werden. Die Kinder sollen genau zuhören, denn sobald sie ein zusammengesetztes Wort hören, müssen sie schnell zugreifen und sich den entsprechenden Gegenstand schnappen. Aber aufgepasst! Da alle Materialien auf dem Tisch liegen, hat der ein oder andere, der nicht richtig zugehört hat, sich schnell vergriffen.

Ältere Kinder spielen dieses Spiel gerne mit Wettkampfcharakter. Dann erhält der Spieler, der den Gegenstand zuerst greift, einen Spielchip. Wer falsch zugreift, muss dagegen einen bereits gewonnenen Chip wieder abgeben. Wer am Ende die meisten Chips besitzt, ist Sieger des Spiels.

Der Würfel entscheidet

Zu diesem Spiel benötigen Sie einen Zahlenwürfel mit Zahlen von 1 bis 3 und den Tastbeutel, in dem sich die Gegenstände aus zwei zusammengesetzten Wörtern befinden (Vogelhaus, Pflasterstein …). Die restlichen Materialien liegen in der Tischmitte.

Das erste Kind beginnt und würfelt. Die erzielten Würfelaugen geben vor, wie viele Gegenstände es aus dem Tastbeutel nehmen darf. Den jeweiligen Materialien muss es die entsprechenden beiden Gegenstände, aus denen das Wort gebildet wird, zuordnen. Für jedes richtig zusammengesetzte Wort gibt es einen Spielchip. Wer am Ende des Spiels die meisten Chips besitzt, hat gewonnen.

Kauderwelsch

Fordern Sie die Kinder auf, Gegenstände im Raum zu sammeln, die aus zwei Wörtern zusammengesetzt sind (z. B. Legostein, Holzperle, Filzstift). Alle Teile werden gemeinsam betrachtet und benannt. Dann wandern sie in den Tastbeutel. Verteilen Sie an alle Mitspieler einen Korken. Jetzt kann es losgehen.
Ein Kind beginnt mit dem Spiel, indem es einen Gegenstand aus dem Beutel zieht. Es betrachtet ihn, ohne ihn den anderen Mitspielern zu zeigen.
Das Kind nimmt nun seinen Korken in den Mund. Es muss versuchen, den Namen des Gegenstandes möglichst deutlich auszusprechen. Gelingt ihm dies und die Mitspieler verstehen, was es sagt, so erhält es einen Spielchip. Das nächste Kind darf sein Glück versuchen. Wer am Ende die meisten Gegenstände trotz Korken im Mund deutlich aussprechen konnte, ist Sieger des Spiels.

Die Kinder müssen langsam und sehr artikuliert sprechen. Wer unverständliches Kauderwelsch von sich gibt, hat schlechte Karten.

Ältere Kinder spielen dieses Spiel gerne in einer anderen Version. Auch hier muss ein Kind einen Gegenstand aus dem Tastbeutel ziehen und dessen Namen mit einem Korken im Mund aussprechen. Allerdings erhält nur der Spieler einen Spielchip, der am besten zuhört und als erstes den Gegenstand, um den es sich handelt, erkennen und benennen kann.

Ein Vogelhaus ist ein Haus für den Vogel

Wortzusammensetzungen lassen sich meist einfach rekonstruieren. So ist z. B. ein Vogelhaus ein Haus für einen Vogel, ein Geldbeutel ein Beutel für Geld, ein Sandkasten ein Kasten mit Sand.
Zerlegen Sie mit den Kindern die Zusammensetzungen der Kiste mit Hilfe der Materialien in ihre beiden Bestandteile.

Die Kinder wählen reihum einen Gegenstand aus und formulieren einen Satz, der die Verbindung beider Wörter zu dem zusammengesetzten Wort deutlich macht.

Beispiel:
Nico wählt den Würfelzucker und sagt: "Würfelzucker ist Zucker, der aussieht wie ein Würfel."

Neben diesen recht transparenten und unmissverständlichen Wortkomposita kennt unsere Sprache auch Zusammensetzungen, die weniger eindeutig sind. So ist ein Schneebesen, den wir in der Küche benutzen, keineswegs ein Besen zum Kehren von Schnee. Eine Teewurst ist ebenso wenig eine Wurst aus Tee wie Tee aus Wurst.
Bieten Sie den Kindern auch solche Gegenstände an, deren Name und dessen Entstehung sich eben nicht so einfach erschließen lassen.
So kann gemeinsam überlegt werden, warum eine Klobrille Klobrille heißt, warum wir einen Wasserhahn als solchen bezeichnen, oder wie das Wort Schuhlöffel wohl entstanden ist.

Machen Sie die Kinder neugierig und sensibel für solche Wörter und wecken Sie ihr Interesse für entsprechende Wortspielereien.

Zusammensetzungen mit gleichen Bestimmungswörtern

Bei einer Zusammensetzung, einem Kompositum, haben die benutzten Wörter unterschiedliche Bedeutungen, denn es muss zwischen Bestimmungs- und Grundwort unterschieden werden. Die deutsche Sprache stellt, im Gegensatz z. B. zur französischen Sprache, das Bestimmungswort immer an den Wortanfang. Dann folgt das Grundwort. Das Bestimmende steht somit vor dem Bestimmten. Ein Beispiel macht diese deutlich:

Teedose setzt sich aus den Wörtern Tee und Dose zusammen. Das Bestimmungswort heißt somit Tee, das Grundwort Dose. Das Grundwort entscheidet über den Gesamtinhalt und legt zudem die Wortklasse des Kompositums fest.
Der Artikel ist durch das Grundwort vorgegeben.

Wortzusammensetzungen können unterschiedliche Grundwörter, aber das gleiche Bestimmungswort haben. Um solche Zusammensetzungen geht es im Folgenden.

DIE TEEKISTE

Als Teekiste eignet sich natürlich in besonderem Maße eine Holzkiste, wie sie in Hotels oder Tagungsstätten zum Aufbewahren von Teebeuteln benutzt wird.

Aber auch ein fester Karton lässt sich kreativ zur Teekiste umgestalten. Fordern Sie die Kinder auf, leere Tütchen von unterschiedlichen Teebeuteln zu sammeln. Diese werden mit Kleister auf den Karton geklebt. So kann jeder auf den ersten Blick erkennen, welcher Karton vor ihm steht. Die einzelnen Teetütchen regen wiederum zu Gesprächen an: Welche Teesorten lassen sich erkennen? Wer hat welchen Tee schon einmal getrunken? Wie schmeckt Fencheltee?

Zum Inhalt des Teekartons gehören natürlich zunächst all jene Dinge, die wir zum Zubereiten und Trinken eines Tees verwenden können und benötigen, vorausgesetzt, sie beginnen mit dem Bestimmungswort „Tee".

Bei der Zusammenstellung des Teekisteninhalts habe ich in besonderem Maße darauf geachtet, dass die Materialien durch entsprechende reale Gegenstände repräsentiert werden können. So wird z. B. sichtbar, dass das Wort Teeglas aus Tee und einem Glas entsteht.

INHALT DER TEEKISTE

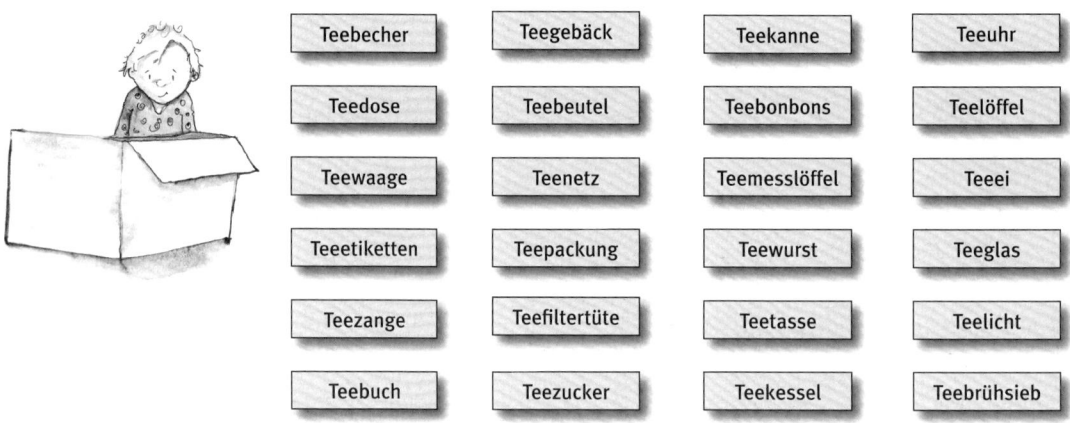

Teebecher	Teegebäck	Teekanne	Teeuhr
Teedose	Teebeutel	Teebonbons	Teelöffel
Teewaage	Teenetz	Teemesslöffel	Teeei
Teeetiketten	Teepackung	Teewurst	Teeglas
Teezange	Teefiltertüte	Teetasse	Teelicht
Teebuch	Teezucker	Teekessel	Teebrühsieb

Spiele mit der Teekiste

Raus aus der Kiste

Stellen Sie die Kiste auf den Tisch. Nach und nach werden alle Gegenstände herausgenommen, betrachtet und benannt. Die Kinder werden mit Sicherheit einige der Materialien aus ihrem Alltag kennen. Nutzen Sie das und fragen Sie z. B. nach, wer zu Hause eine Teekanne hat, wann die Kinder Tee trinken, wie Teezucker schmeckt.

Es geht zunächst darum, die Kinder mit dem Inhalt der Kiste vertraut zu machen, sie zum Erzählen anzuregen und miteinander ins Gespräch zu kommen.

Wichtige und interessante Informationen rund um den Teeanbau, die Teeanbaugebiete, die Teeernte oder über die Vielzahl der Teesorten, die inzwischen auf dem Markt sind, erhalten Sie aus dem Teebuch. Die Kinder können immer wieder darin blättern, sich die Bilder anschauen und Wissenswertes nachfragen oder selbst „nachlesen".

Sortierspiel

Die Teekiste enthält viele unterschiedliche Gegenstände. Diese lassen sich nach verschiedenen Kriterien sortieren.

So gibt es Dinge, die zum Zubereiten des Tees benötigt werden: Teeei, Teebrühlöffel, Teefiltertüten, Teenetz, Teeuhr, Teewaage.
Es gibt Dinge, die zur Aufbewahrung des Tees nötig sind: Teedose, Teebeutel, Teepackung, Teeetiketten.
Es gibt Gegenstände, die wir zum Trinken des zubereiteten Tees gebrauchen: Teeglas, Teetasse, Teebecher, Teekanne, Teelöffel.

Natürlich dürfen Dinge, die uns das Teetrinken versüßen, nicht fehlen: Teezucker, Teegebäck, Teebonbons.
Und da haben wir noch Materialien, die eigentlich nicht in die Teekiste passen: das Teelicht und die Teewurst.

Erarbeiten Sie doch einmal mit den Kindern die unterschiedlichen Einteilungsmöglichkeiten und stellen Sie die Materialien deutlich sichtbar zu entsprechenden Gruppen zusammen.

Tee und Ei = Teeei

Die Teekiste enthält nur Gegenstände, die das Wort Tee als Bestimmungswort besitzen. Somit beginnt jede Wortzusammensetzung mit Tee. Das Grundwort variiert. Um Kindern dies deutlich zu machen, werden die einzelnen Wortzusammensetzungen in ihre Einzelteile zerlegt. Sie benötigen dazu neben den Gegenständen aus der Teekiste zusätzliche Materialien.

Beispiel:
Das Wort Teeei setzt sich aus den Wörtern Tee und Ei zusammen. Legen Sie Tee, der sich z. B. in einem kleinen Schälchen befindet und ein Ei nebeneinander. Die Kinder „lesen" Tee-Ei und ergänzen die beiden Gegenstände um das Teeei.
Auf diese Weise lassen sich viele weitere Begriffe sichtbar zusammensetzen. Tee und ein beliebiges Bonbon ergeben nebeneinander gelegt ein Teebonbon. Tee und ein Glas sind die Begriffe, aus denen das Wort Teeglas zusammengesetzt ist.

Die Kinder legen alle gefundenen Kombinationen aus. Es wird schnell deutlich, dass alle Komposita mit Tee beginnen.

Tee ruft Beutel

An diesem Spiel sollten mindestens 10 bis 12 Kinder teilnehmen, damit es funktioniert und spannend ist. Die Kinder bilden Paare. Jedes Paar zieht sich einen Gegenstand aus der Teekiste. Die Paare überlegen gemeinsam, wie der Gegenstand heißt und aus welchen beiden Wörtern er zusammengesetzt ist. Dann legen sie untereinander fest, wer den Tee übernimmt und wer den Gegenstand rufen soll. Sie stellen sich in einiger Entfernung voneinander auf. Dem Kind (Tee), das seinen Partner zur Wortergänzung suchen muss, werden die Augen verbunden. Der Partner nimmt den Gegenstand (z. B. Teebeutel). Auf ein Startzeichen hin ruft er immer wieder: "Beutel, Beutel, Beutel …". Natürlich rufen alle anderen Mitspieler auch ihre Begriffe in den Raum, so dass ein wildes Wortdurcheinander entsteht. Welchem Kind gelingt es zuerst, seinen Partner in diesem Chaos aufzuspüren?

Auch zu diesem Spiel gibt es eine verschärfte Variante für ältere Kinder. Der Spielbeginn gestaltet sich gleich. Es werden jedoch beiden Kindern die Augen verbunden. Sie müssen sich nun sowohl an der Stimme des Mitspielers, als auch an den gerufenen Begriffen – in diesem Fall Tee und Beutel – orientieren. Können sie sich durch ständiges Rufen der Begriffe finden?

Immer der Reihe nach

Alle Materialien aus der Teekiste liegen bereit. Überlegen Sie noch einmal gemeinsam mit den Kindern, wie die Dinge heißen, wozu sie benutzt werden.

Fragen Sie nun nach, ob die Kinder wissen, wie Tee zubereitet wird. Was wird dazu benötigt? Wie sehen die einzelnen Arbeitsschritte aus? Welche Reihenfolge muss beachtet werden? Erarbeiten Sie mit den Kindern unterschiedliche Variationen. Beginnen Sie bei der schnellsten und einfachsten Möglichkeit, Tee mit einem Teebeutel zuzubereiten.

Komplizierter und umfangreicher gestaltet sich das Teekochen, wenn wir losen Tee aus der Teedose mit einem Teeei oder einem Teebrühlöffel herstellen. Wie sehen nun die einzelnen Arbeitsschritte aus? Welche Materialien kommen wann zum Einsatz? Alle benötigten Gegenstände werden der Reihe nach ausgelegt. So können die Kinder abschließend noch einmal erzählen, wie sie Tee kochen.
Achten Sie darauf, dass die sprachliche Auseinandersetzung mit den korrekten Begriffen erfolgt. So wird nicht der Beutel, sondern der Teebeutel in das Wasser gelegt. Tee wird nicht aus der Dose, sondern aus der Teedose entnommen.

Teezeit

Geben Sie den Kindern die Gelegenheit, gemeinsam Tee zu kochen. Es werden möglichst viele der Gegenstände benutzt, die sich in der Teekiste befinden. Alle nötigen Zutaten und Werkzeuge werden dabei natürlich immer wieder benannt. Auch jede Handlung sollte zudem verbalisiert werden.
Ist der Tee zubereitet, versammeln sich alle zur gemütlichen Teezeit, bei der Teebonbons, leckeres Teegebäck und eine schöne Geschichte nicht fehlen dürfen.
Wurde der Tee in einem Teeei zubereitet, so geben Sie den Kindern beim nächsten Mal die Möglichkeit, einen Teebrühlöffel oder ein

Teenetz zu benutzten. Auch unterschiedliche Teesorten bringen Abwechslung in jede Teezeit.

Der Teeladen

Richten Sie gemeinsam mit den Kindern anstelle eines Kaufladens oder einer Post doch einmal einen Teeladen ein. Zuvor sammeln die Kinder fleißig unterschiedliche leere Teeverpackungen der verschiedensten Teesorten, Teetassen, Teelöffel und weitere Dinge.
Im Kaufladenspiel können die Kinder all jene Gegenstände nutzen, die zuvor im Teekarton aufbewahrt wurden. Sie können im Rollenspiel ein Teeei, unterschiedliche Teebeutel oder eine schöne Teedose kaufen, wenn alles zuvor sprachlich richtig benannt und höflich verlangt wurde. Der „Verkäufer" kennt sich natürlich bestens aus und achtet darauf, dass alles seine Richtigkeit hat.
Gemeinsam wird überlegt, wie wir uns z. B. in einem Geschäft verhalten, wie wir nach etwas fragen, mit welchen Wörtern und Sätzen wir uns bedanken können.

„1, 2, 3 – Ist aus Tee etwas dabei?"

Zu diesem Spiel benötigen Sie neben den Materialien aus der Teekiste weitere Gegenstände, z. B. ein Wasserglas, Würfelzucker, einen Suppenlöffel, eine Kerze. Während alle Mitspieler wegschauen, werden drei Gegenstände auf den Tisch gelegt und mit einem Tuch zugedeckt. Die Kinder schauen nun wieder genau hin. Sprechen Sie den Satz:

> „1, 2, 3 – Ist aus Tee etwas dabei?"

Ziehen Sie rasch das Tuch von den Gegenständen herunter. Die Kinder sollen nun schnell erkennen, ob hier etwas aus der Teekiste stammt, d. h. ob hier etwas liegt, das mit Tee zu tun hat. Nur wenn dies der Fall ist, dürfen sie den entsprechenden Gegenstand benennen. Liegt kein „Teeteil" auf dem Tisch, müssen alle schweigen.

Bei dieser Übung geht es darum, die Materialien genau zu erkennen, einzuordnen und gegebenenfalls zu benennen. Wer gut aufpasst und zuerst die richtige Antwort weiß, erhält einen Spielchip. Wer vor lauter Aufregung oder Eifer zu früh losplappert und sich verspricht, muss einen Spielchip abgeben, wenn er einen besitzt. Am Ende des Spiels werden alle Chips gezählt. Wer die meisten sammeln konnte, gewinnt das Spiel.

Ältere Kinder spielen das Spiel gerne in einer schwierigeren Variante. Ziehen Sie das Tuch zunächst schnell weg. Nach einigen Sekunden bedecken Sie die Materialien wieder damit. Die kurze Zeitspanne muss den Spielern genügen, um zu erkennen, ob ein entsprechender Gegenstand dabei war oder nicht.

„Ja oder nee?"

Was benötigen wir, um Tee zuzubereiten oder um eine Teestunde gemütlich zu gestalten?

Stellen Sie den Kindern nach und nach eine der Fragen, die sie zunächst mit „Ja" oder „Nee" beantworten sollen. Ist jemand der Meinung, dass es den gefragten Gegenstand gibt, so muss er diesen genau benennen und ihn aus der Teekiste herausnehmen. Er wird noch einmal gemeinsam betrachtet und geprüft, ob die Antwort richtig oder falsch ist.

„Gibt es Zucker, extra für Tee? Ja oder nee?"
„Gibt es Dosen zum Aufbewahren von Tee? Ja oder nee?"
„Gibt es einen Löffel zum Abmessen von Tee? Ja oder nee?"
„Gibt es eine Waage zum Wiegen von Tee? Ja oder nee?"
„Gibt es eine Heizung, die heizt man mit Tee? Ja oder nee?"
„Gibt es eine Blume, die duftet nach Tee? Ja oder nee?"
„Gibt es eine Knolle, aus der macht man Tee? Ja oder nee?"
„Gibt es einen Kuchen, gebacken mit Tee? Ja oder nee?"

Natürlich gehören auch einige Fragen zu diesem Spiel, die mit „Nein" beantwortet werden müssen. Es gibt keine Teeheizung, keine Teeblume und auch keine Teeknolle. Solche Fragen lockern das Spiel auf und ermuntern die Kinder immer wieder dazu, eigene Fragen zu überlegen.

„Tee"-Sätze

In diesem Spiel geht es darum, lange Sätze zu bilden, in denen zum einen möglichst alle Wörter mit einem T beginnen müssen, zum anderen sollen viele Gegenstände aus der Teekiste darin vorkommen. Besonderen Spaß macht es natürlich, Quatschsätze zu erfinden. Vielleicht entsteht auch der ein oder andere Zungenbrecher.

Hier einige Beispiele:
- Tante Thea und Tante Thekla trinken täglich zur Teezeit Tee mit Teezucker aus total teuren Teegläsern.
- Theo Turst tauscht Teewurst gegen teuren Tee und Wurst. Teuren Tee und Wurst tauscht Theo Turst gegen Teewurst.
- Thekla Tran trainiert tatsächlich tagtäglich Teebeutelweitwurf mit tausend Teebeuteln von teuren Teesorten.

Ist in der Teewurst Tee?

Philosophieren Sie doch einmal mit den Kindern darüber, wie die einzelnen Gegenstände in der Teekiste wohl zu ihren Namen gekommen sind.

Dass ein Teeei Teeei heißt, weil es die Form eines Eis hat, lässt sich noch verstehen.
Teegebäck heißt Teegebäck, weil wir es als Gebäck zum Tee essen und ein Teeglas heißt Teeglas, weil es ein Glas ist, aus dem wir den Tee trinken.
Aber wieso heißt ein Teelicht Teelicht. Und ist in der Teewurst etwa Tee? Vielleicht wissen die Kinder eine Antwort.
Zumindest das Problem mit der Teewurst lässt sich klären. Besuchen Sie doch einmal mit den Kindern eine Metzgerei in Ihrer Umgebung. Der Metzger kann sicher begründen, wie die Teewurst zu ihrem Namen kam.

Auf diese Weise ist Sprachförderung sehr kommunikativ, lebensnah und authentisch.

Die beschriebenen Spiele lassen sich in modifizierter Form mit vielen anderen Gegenständen spielen. Als weitere Papperlapapp-Kartons eignen sich:

DER HAARKARTON

- Haarband
- Haarbürste
- Haarfarbe
- Haargummi
- Haargel
- Haarkamm
- Haarshampoo
- Haarspray
- Haarnetz
- Haarteil
- Haarwachs
- Haarspange
- Haarnadel

DIE ZAHNSCHACHTEL

- Zahnarzt
- Zahndöschen
- Zahnseide
- Zahnspange
- Zahnbürste
- Zahnpasta
- Zahnbecher

DIE KUCHENSCHACHTEL

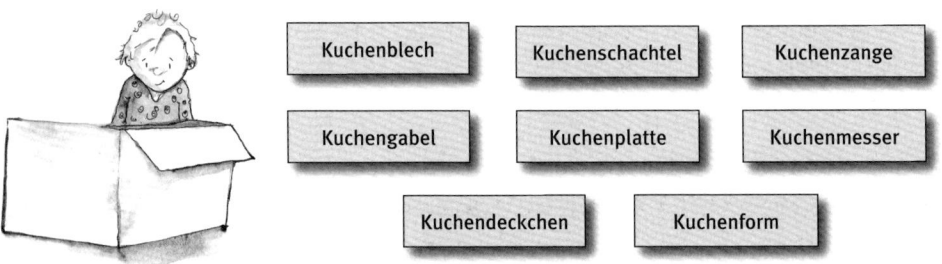

Zusammensetzungen mit gleichen Grundwörtern

Zusammengesetzte Wörter können jeweils aus dem gleichen Bestimmungswort, aber unterschiedlichen Grundwörtern bestehen.
Dies macht der Löffelkoffer deutlich. Hierin befinden sich viele unterschiedliche Löffel. Das Bestimmungswort benennt z. B. die jeweilige Aufgabe, den Einsatzbereich, die Funktion, das Material des Löffels.
Einen Suppenlöffel benutzen wir, um Suppe zu essen (Suppe = Bestimmungswort). Mit dem Soßenlöffel schöpfen wir Soße (Soße = Bestimmungswort). Der Silberlöffel ist aus Silber hergestellt (Silber = Bestimmungswort).
Die Benutzung eines Bestimmungswortes erlaubt es uns, das Grundwort, in diesem Fall Löffel, genauer zu definieren. Dadurch können wir uns wesentlich präziser und differenzierter ausdrücken.

Der Löffelkarton

Löffel in den unterschiedlichsten Variationen sind Kindern aus ihrem täglichen Lebensumfeld bekannt.
Der Löffelkarton macht noch einmal bewusst, wie verschieden Löffel sind.
Eine gezielte sprachliche Differenzierung im Umgang mit den Löffeln ist notwendig, denn Löffel ist eben nicht gleich Löffel. Um einen bestimmten Löffel zu fordern, muss dieser genau benannt werden. Die Kinder lernen, dass die einzelnen Löffelnamen immer aus zwei Wörtern zusammengesetzt sind: Suppen-Löffel, Schuh-Löffel, Plastik-Löffel. Namenkarten machen deutlich sichtbar, dass das zweite Wort (= Löffel) in jedem Wort enthalten ist und immer an zweiter Stelle steht.

Neben dem Erkennen dieser Eigenarten und dem differenzierten sprachlichen Benennen der einzelnen Löffel steht auch die Handhabung und Nutzung der Löffel im Mittelpunkt.

Inhalt des Löffelkartons

Hier können all jene Gegenstände gesammelt werden, die als Endung das Wort Löffel besitzen. Die folgende Auflistung zeigt Materialien, die Sie in den Karton geben können. Bitte wählen Sie etwa 10 Löffel für die direkte Arbeit mit Kindern aus. Legen Sie die restlichen Materialien zur Seite, so dass Sie immer einen kleinen Vorrat zum Austauschen besitzen:

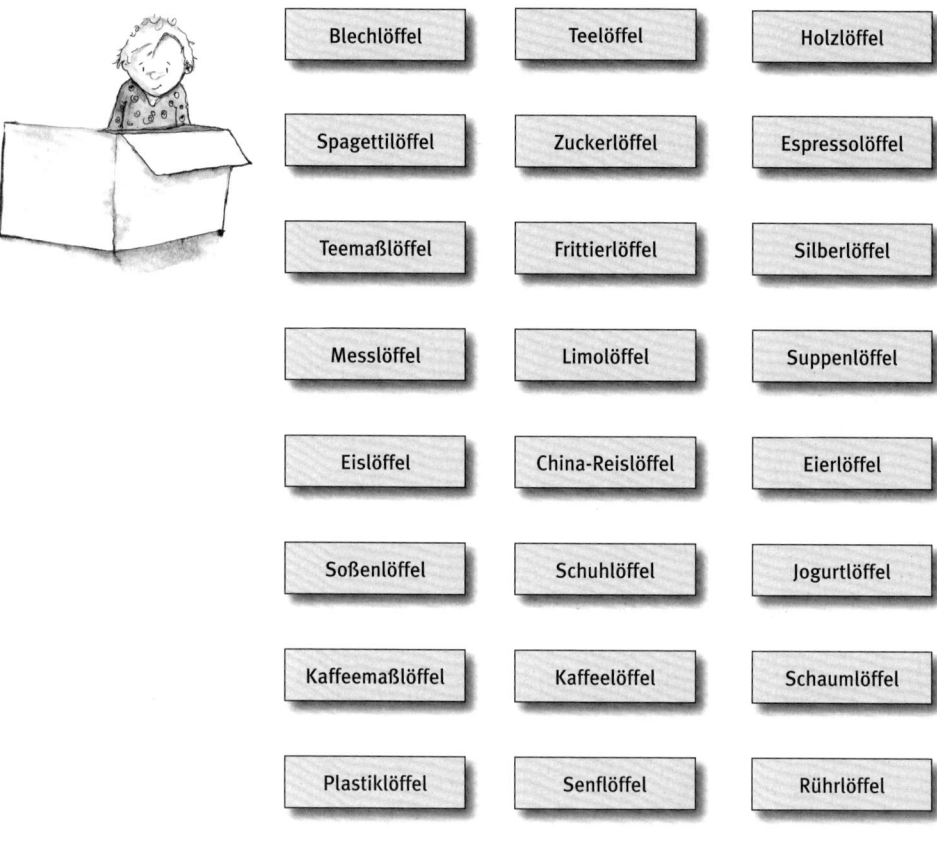

Spiele mit dem Löffelkarton

Löffelgespräche

Schauen Sie sich gemeinsam mit den Kindern jeden Löffel genau an. Überlegen Sie z. B. wie die einzelnen Löffel heißen, aus welchem Material sie hergestellt sind, wozu sie genutzt werden, wo wir sie aufbewahren, wie sie gehandhabt werden.

Zuordnungsspiel

Wählen Sie vor Spielbeginn einige Löffel aus. Es sollte sich um solche Löffel handeln, deren Bestimmungswort sich gegenständlich darstellen lässt.
Geeignet sind z. B. der Schuhlöffel, der Suppenlöffel, der Senflöffel, der Zuckerlöffel, der Tee- und der Kaffeelöffel, der Eierlöffel, der Jogurtlöffel und der Holzlöffel. Zusätzlich benötigen Sie weitere Materialien, die das Bestimmungswort repräsentieren (ein Schuh, ein Suppenpäckchen, ein Senfglas, Zucker, Tee, Kaffee, ein Ei, ein Jogurtbecher, ein Stück Holz). Des weiteren müssen Sie zu jedem Material einen Löffel bereit legen.

Betrachten Sie mit den Kindern dieses Sammelsurium an Materialien. Kann der eine oder andere erkennen, worum es hier geht?
Wählen Sie nun einen Gegenstand aus (z. B. den Schuh). Legen Sie einen Löffel daneben und „lesen" Sie: „Schuh, Löffel." Suchen Sie den Schuhlöffel, benennen Sie ihn und legen Sie ihn neben die beiden anderen Gegenstände.

Erarbeiten Sie mit den Kindern alle anderen Löffel auf die gleiche Art und Weise.

Hier wird sichtbar, dass das Grundwort (Löffel) immer gleich bleibt und sich stets an zweiter Position befindet. Das Bestimmungswort steht dagegen immer am Wortanfang, nimmt die erste Position ein und variiert, je nach Wortzusammensetzung.

„Wer bin ich?"

Die Löffel liegen in der Spielfeldmitte. Lesen Sie den Kindern die folgenden Fragen vor. Wer kann den/die beschriebenen Löffel erkennen, benennen und begründen, warum dies der richtige/die richtigen sind?

- Mit welchen Löffeln kannst du keine Suppe essen? (z. B. Schaumlöffel, Schuhlöffel)
- Welche Löffel passen nicht in dein Frühstücksei? (z. B. Schuhlöffel, Soßenlöffel, Suppenlöffel)
- Welcher Löffel ist wertvoll? (Silberlöffel)
- Welche Löffel sind nicht aus Metall? (z. B. Plastiklöffel, Rührlöffel)
- Welcher Löffel kommt nie auf den Esstisch? (Schuhlöffel)
- Wie heißt der kleinste Löffel? (Zuckerlöffel)
- Wie heißt der größte Löffel? (Schaumlöffel)
- Welcher Löffel gehört nicht in die Küche? (Schuhlöffel)
- Welcher Löffel geht am leichtesten kaputt? (Plastiklöffel)

Sicher fallen Ihnen und den Kindern viele weitere Fragen zu diesem Spiel ein.

Löffel sortieren

Die Kinder sortieren die Löffel nach verschiedenen Kriterien, z. B.:
- nach ihrer Größe. Wie heißt der kleinste Löffel, wie der größte?
- nach unterschiedlichen Materialgruppen. Welcher Löffel ist aus Plastik, welcher aus Metall?
- nach den einzelnen Arbeits- und Verwendungsbereichen. Wie heißen die Löffel, die wir zum Essen gebrauchen, welche Namen haben die anderen Löffel?

Wichtig hierbei ist natürlich, dass diese Aufgabe sprachlich begleitet wird.

Löffelgeschichte

Legen Sie alle Löffel in die Spielfeldmitte. Erzählen Sie den Kindern eine kleine Geschichte, in der die im Karton enthaltenen Löffel namentlich erwähnt werden. Immer wenn die Kinder einen in der Geschichte benannten Löffel auf dem Spielfeld erkennen, müssen sie schnell zugreifen. Handelt es sich wirklich um den erwähnten Löffel? Die Frage wird kurz geklärt, der Löffel wieder zurückgelegt und es geht weiter mit der Geschichte.

Beispiel:
Gestern war Anna mit ihren Eltern im Restaurant. Kurz nachdem alle ihr Essen bestellt hatten, brachte der Kellner bereits die Vorspeise: eine Tomatensuppe. Anna nahm ihren **Suppenlöffel** und begann zu essen. Der Löffel war ganz schön schwer und erinnerte sie an einen der **Silberlöffel** ihrer Oma.

Es gibt schon lustige Löffel, überlegte Anna. Neulich erst war sie mit ihren Eltern in einem Chinarestaurant. Die Suppe, die serviert wurde, mussten alle mit einem **China-Reislöffel** essen. Das war ziemlich ungewohnt und auch ein wenig schwierig.

Anna stellte sich jetzt vor, ob es wohl möglich sei, eine Suppe mit einem **Schaumlöffel** zu essen. Das wäre bestimmt ganz schön lustig. Oder, wie wäre es, wenn man zum Suppeessen nur einen kleinen **Senflöffel** hätte. Das Essen der Suppe würde ganz schön lange dauern. Anna fielen noch weitere lustige Dinge ein. Vielleicht sollte sie zu Hause testen, ob sich ein **Schuhlöffel** zum Suppe essen eignet. Er ist schließlich auch ein Löffel. Besonders anstrengend stellte sie es sich vor, eine Suppe mit dem **Limolöffel** zu trinken. Bei diesem Gedanken musste sie fast laut lachen.

Die Bedienung hatte inzwischen die leeren Suppenteller mitgenommen und die Hauptspeise gebracht. Anna begann sofort die leckeren Spagetti zu essen. Mit Gabel und **Spagettilöffel** klappte es schon ganz gut.

Ein klein wenig Hunger hob sie sich aber noch für den Nachtisch, ein leckeres Eis, auf. Das Eis war noch so hart gefroren, dass sie mit dem **Eislöffel** fast nichts davon abkratzen konnte. Also musste sie noch etwas warten. In dieser Zeit beobachtete sie ihre Eltern. Ihre Mutter träumte etwas und rührte immer wieder gedankenverloren mit dem **Kaffeelöffel** in ihrer Kaffeetasse. Und auch ihr Vater war offensichtlich nicht bei der Sache. Auch er rührte bereits geraume Zeit mit seinem **Mokkalöffel** in der Tasse. Es wird wohl Zeit, dass wir nach Hause gehen, dachte Anna.

„Lirum, Larum, Löffelstiel"

Alle Löffel liegen auf dem Tisch. Sprechen Sie die folgenden Verse. Die Kinder ergänzen den Reim und suchen den entsprechenden Löffel. Wer findet ihn zuerst?

„Lirum, Larum, Löffelstiel,
Suppe mag ich heut' ganz viel.
Lirum, larum, 1, 2, 3,
welcher Löffel muss herbei?"

- Eier esse ich heut' ganz viel …
- Schuhe probiere ich morgen ganz viel …
- Soße nehme ich mittags ganz viel …
- rühren will ich heut' ganz viel …
- Kaffee trinke ich heut' ganz viel …
- Tee, den trinke ich gleich ganz viel …
- Zucker brauche ich heut' ganz viel …

Tastspiel

Die Kinder stehen oder sitzen eng beieinander. Alle Hände sind auf dem Rücken. Geben Sie einem Kind einen beliebigen Löffel in die Hände. Es soll ihn abtasten und dann an das nächste Kind weitergeben. Ist der Löffel einmal im Kreis herumgewandert, kommt er zurück in den Löffelvorrat.
Wer erkennt, welcher Löffel herumgereicht wurde? Woran konnte er erkannt werden? Wer weiß, wie er heißt und wozu wir ihn benutzen?

Magischer Blick

Während alle Kinder die Augen schließen, versteckt ein Spieler einen Löffel unter einem dünnen Tuch (z. B. Seidentuch).
Die Kinder öffnen wieder die Augen. Wer kann anhand der Umrisse erkennen, welcher Löffel unter dem Tuch versteckt ist?
Jedes Kind kann einen Tipp abgeben. Für jeden richtigen Hinweis gibt es einen Spielchip. Wer am Ende die meisten Chips besitzt, ist der Gewinner.
Hat keines der Kinder eine Idee, was unter dem Tuch versteckt liegt, dürfen sie kurz fühlen oder einen Blick auf einen kleinen Teil des Löffels werfen (z. B. auf den Stiel).

Kimspiel

Die Löffel liegen in der Spielfeldmitte. Während alle Kinder die Augen schließen, nimmt ein Spieler einen beliebigen Löffel weg und versteckt ihn hinter seinem Rücken. Die Kinder öffnen wieder die Augen. Wer erkennt zuerst, welcher Löffel fehlt?

Mein rechter, rechter Platz ist frei ...

Die Kinder sitzen im Kreis und suchen sich aus dem Löffelkarton einen Löffel aus. Ein Stuhl ist frei. Ein Kind spricht: „Mein rechter, rechter Platz ist frei, ich wünsche mir den Suppenlöffel herbei." Das Kind, dass sich den Suppenlöffel ausgesucht hat, stellt nun pantomimisch das Essen der Suppe dar und setzt sich dann auf den freien Platz. Nach und nach werden alle Löffel genannt. Jedes Kind führt pantomimisch eine entsprechende Handlung mit dem Löffel vor und wechselt danach auf den neuen Platz.

Löffelbuch

Sammeln Sie mit den Kindern Kataloge, Zeitschriften und Prospekte. Die Kinder sollen darin Abbildungen unterschiedlicher Löffel oder Bilder suchen, auf denen die Handhabung eines Löffels zu sehen ist. Diese werden ausgeschnitten und in ein kleines Heft geklebt. Ältere Kinder schreiben vielleicht schon den Namen zu dem jeweils abgebildeten Löffel oder malen etwas Passendes dazu.

So entsteht ein sehr individuelles Löffelbuch, dass die Vielzahl der Löffel deutlich macht.

Löffelpantomime

Ein Kind sucht sich in Gedanken einen der auf dem Tisch liegenden Löffel aus. Pantomimisch stellt es nun dar, wozu wir diesen Löffel benutzten. Die anderen Kinder müssen erraten, welcher Löffel gesucht wird.

Beispiel:
Rührbewegungen mit der geschlossenen, senkrecht gehaltenen Faust können auf den Rührlöffel deuten. Auch das Essen heißer Suppe oder das Rühren in Tee oder Kaffee lässt sich pantomimisch darstellen.
Wer zuerst errät, um welchen Löffel es sich handelt, darf in der nächsten Runde seine Löffelpantomime vorführen.

Löffelgedicht

Das folgende Gedicht kann den Kindern vorgelesen werden, oder sie nutzen es, um die entsprechenden Löffel vorzustellen.

Löffel gibt es ganz, ganz viele,
und die meisten haben Stiele.
Doch weiß denn hier auch jedes Kind,
wie die Löffel heißen, wozu sie sind?
Einen Löffel benutzen wir zum Trinken von Tee,
mit einem anderen rühren wir im heißen Kaffee.
Einen Löffel können wir zum Essen nicht nutzen,
einen anderen müssen wir von Zeit zu Zeit putzen.
Einer der Löffel bricht schnell entzwei.
Mit welchem isst du ein Frühstücksei?
Einer der Löffel gehört in die Zuckerschale,
mit einem anderen rührt man im Topf viele Male.
Ein paar Löffel gehören einem Tier.
Deshalb liegen sie leider nicht hier.

Der Löffelverkäufer

Das Kind schlüpft in die Rolle eines Verkäufers, der seinen Kunden Löffel verkaufen möchte. Er soll seine Ware anpreisen. Dazu gehört, dass er die einzelnen Löffel vorstellt, beschreibt wie sie verarbeitet sind, formuliert, wozu sie genutzt werden können, ihre Handhabung vorführt oder den Kaufpreis festlegt. Die Kunden dürfen auch Fragen zu den einzelnen Löffeln stellen, die der Verkäufer beantworten muss. Dabei darf auch etwas übertrieben und geschummelt werden. So kann der Silberlöffel aus dem Haushalt eines berühmten Königs stammen, der ihn dem Verkäufer bei einem seiner Besuche schenkte.

Vielleicht gelingt es dem Löffelverkäufer durch geschicktes Anpreisen seiner Ware, manchen Löffel an ein Kind zu „verkaufen".

Löffelkarton und Teekiste

Dass Wortzusammensetzungen aus unterschiedlichen Bestimmungswörtern, aber dem gleichen Grundwort bestehen können, wird in der Auseinandersetzung mit dem Löffelkarton erkennbar. Die direkte Gegenüberstellung der Teekiste und des Löffelkartons veranschaulicht den Kindern die Bedeutung des Grundwortes und des Bestimmungswortes und macht die jeweiligen Bildungsprinzipien der Komposita nicht nur hörbar, sondern auch sichtbar.
Die Kinder bilden mit den Materialien aus der Teekiste, die die Wortzusammensetzungen darstellen, Paare und platzieren sie untereinander.
Neben die entstandene Reihe werden nun die Materialien aus der Löffelkiste gelegt. Es wird ersichtlich, dass in der ersten Reihe immer der Tee an vorderster Stelle liegt, während in der zweiten Spalte die Löffel immer am Wortende zu finden sind.

DER DOSENKARTON

Eine weitere Möglichkeit, Kindern Wortzusammensetzungen deutlich zu machen, in denen das Grundwort immer gleich bleibt, ist der Dosenkarton. Hierin befinden sich Dosen der unterschiedlichsten Arten.

Die Kinder erfahren in der Arbeit mit den Materialien, dass die Namen der Dosen vom Inhalt oder Verwendungszweck abgeleitet werden: in einer Pillendose befinden sich Pillen, in einer Brotdose wird Brot aufbewahrt.

So wie Löffel nicht gleich Löffel ist, ist Dose eben nicht gleich Dose. Auch hier muss Sprache differenziert wahrgenommen und genutzt werden.

Gerade die Tatsache, dass sich die Dosen öffnen und schließen lassen, dass wir Gegenstände darin verstecken oder herauszaubern können, macht diese zu interessanten Spielobjekten.

Achten Sie darauf, dass die Kinder nach Spielende alle Materialien in die passende Dose räumen. Dadurch beschäftigen sie sich noch einmal unbewusst mit den Zusammensetzungen.

Inhalt des Dosenkartons

Bei der Auswahl der Materialien für den Dosenkarton habe ich zunächst darauf geachtet, Dosen zu suchen, die in den Komposita ohne Fugenlaute auskommen. Sind die Kinder geübt darin, Wörter zusammenzusetzen, können natürlich weitere Dosen ins Spiel kommen (Seifendose, Vorratsdose).

Einige der folgenden Dosen und die entsprechenden Materialien können Sie in den Karton packen:

Kaffeedose	Teedose	Pillendose
Keksdose	Gewürzdose	Puderdose
Butterdose	Brotdose	Gebäckdose
Brot aus der Puppenküche	Gefrierdose	Butter aus der Puppenküche
Zuckerdose	zwei leere Pillenverpackungen	Bonbondose
Filmrolle	Bonbons	Zuckerwürfel
Keks	Teebeutel	Filmdöschen
Lebensmittel	Kaffee in kleinem Plastikbeutel oder in einem Pad	Gewürze (Nelken usw.)

Spiele mit dem Dosenkarton

Wie heiße ich?

Geben Sie vor Spielbeginn die einzelnen Gegenstände in den Tastbeutel. Nehmen Sie gemeinsam mit den Kindern die Dosen aus dem Karton. Lassen Sie die Kinder die Dosen genau betrachten, beschreiben und, wenn möglich, benennen.
Nehmen Sie dann erst die Materialien der Reihe nach aus dem Beutel. Die Kinder sollen Sie den Dosen zuordnen.
Am sinnvollsten ist es, wenn der jeweilige Gegenstand und die entsprechende Dose zunächst nebeneinander gelegt werden. Dann nämlich wird plötzlich sichtbar, das es sich hier immer um zwei selbstständige Wörter handelt, die zusammengesetzt ein neues Wort ergeben:

Zahn + Dose = Zahndose
Tee + Dose = Teedose
Butter + Dose = Butterdose usw.

Zum Schluss legen die Kinder die Gegenstände in die entsprechende Dose.

Dosenrätsel

Verteilen Sie vor Spielbeginn kleine Spielchips an die Kinder. Die Dosen liegen auf dem Spielfeld aus.
Lesen Sie die folgenden Rätsel vor. Wer die richtige Lösung kennt, legt seinen Spielchip zu der entsprechenden Dose. Wer erzielt die meisten Treffer?

Machst du einen Ausflug,
so stecke mich ein.
Dann wird dein Brot
lange frisch noch sein.
(Die Brotdose)

Verlierst du einen Zahn,
lege ihn in mich.
Ich bewahre ihn gut auf
zur Erinnerung für dich.
(Die Zahndose)

Machst du ein Picknick,
muss ich in den Picknickkorb hinein.
Dann wir dein Brot besonders lecker sein.
(Die Butterdose)

In mir ist kein Kakao und kein Kaffee.
Ich bin eine Dose für deinen …
(Tee, Die Teedose)

Bist du unterwegs,
hast plötzlich Schmerzen und Pein,
werde ich dir nützlich sein.
(Die Pillendose)

Beteiligen sich jüngere Kinder an diesem Spiel, so kommen auch die Gegenstände (Brot, Tee, Zahn …) zum Einsatz. Gemeinsam wird nach dem entsprechenden Wort gesucht und der Gegenstand der jeweiligen Dose zugeordnet.

Wohin gehöre ich?

Geben Sie die Gegenstände in den Tastbeutel. Die Dosen werden auf den Tisch gestellt. Reihum greifen die Kinder nun einzeln in den Beutel. Sie wählen einen Gegenstand aus, betasten, benennen ihn und sagen, in welche Dose er gehört: „Die Butter gehört in die Butterdose." Erst dann wird der Gegenstand aus dem Beutel gezogen und überprüft, ob die Aussage stimmt. Die Butter wandert zurück in den Beutel. Das nächste Kind ist an der Reihe.

Hokus, pokus, Hexerei

Sortieren Sie vor Spielbeginn alle Gegenstände in die entsprechenden Dosen ein. Während Sie den kleinen Vers sprechen, kreisen Sie mit den Händen wie ein Zauberer über den Dosen.

„Hokus, pokus, Hexerei,
ich mache aus einer Sache zwei"!

Am Ende des Spruchs suchen Sie sich eine Dose aus. Sprechen Sie den Satz: „Ich mache aus der Zahndose einen Zahn und eine Dose". Öffnen Sie die Dose und legen Sie den Zahn neben die Dose. „Lesen" Sie noch einmal: „Zahn – Dose" und zeigen Sie dabei auf die benannten Gegenstände. Der Zahn wandert zurück in die Dose.
Ein Kind darf sich nun im Zaubern üben und aus einer Sache zwei machen.

Dosen-Kartenspiel

Dies ist eine Arbeit für ältere Kinder, die sich im Lesen üben möchten.
Schreiben Sie auf kleine Kärtchen in Blockbuchstaben die beiden Wörter, aus denen die einzelnen Zusammensetzungen gebildet sind. Das Wort Dose schreiben Sie bitte farbig, so dass es sofort ins Auge springt.

TEE	DOSE
ZAHN	DOSE
PILLEN	DOSE

Auf die Rückseite der Bestimmungswörter kommt ein Bild des jeweiligen Gegenstands.
Die Kinder können nun die Materialien den Grund- und Bestimmungswörtern zuordnen.
Dabei wird zum einen deutlich sichtbar, dass es sich immer um Wortzusammensetzungen handelt. Zum anderen erkennen die Kinder, dass das Grundwort sich nie verändert und stets am Ende der Zusammensetzung steht.

Die einzelnen Spiele können mit weiteren Materialien gespielt werden. Hier einige Beispiele:

DER STIFTKARTON

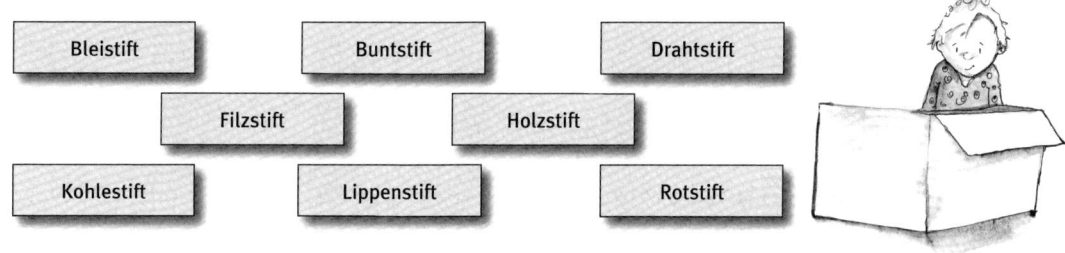

Die Papierkiste

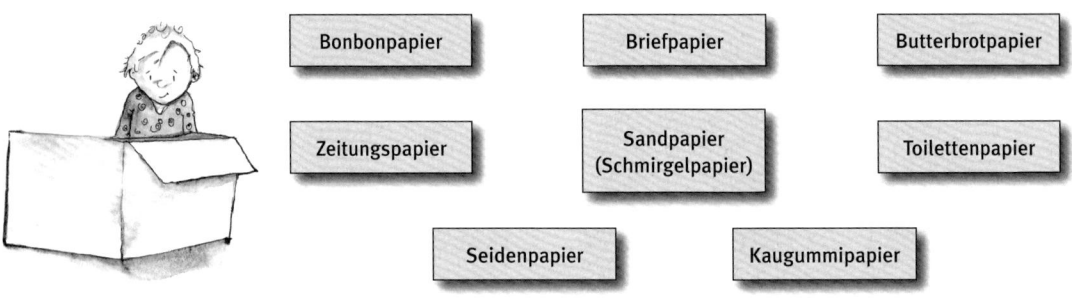

- Bonbonpapier
- Briefpapier
- Butterbrotpapier
- Zeitungspapier
- Sandpapier (Schmirgelpapier)
- Toilettenpapier
- Seidenpapier
- Kaugummipapier

Die Kugelkiste

- Eisenkugel
- Filzkugel
- Glaskugel
- Gummikugel
- Holzkugel
- Metallkugel
- Moosgummikugel
- Mottenkugel
- Plastikkugel
- Styroporkugel
- Wattekugel

Der Bürstenkarton

- Champignonbürste
- Flaschenbürste
- Gemüsebürste
- Haarbürste
- Kartoffelbürste
- Stahlbürste
- Nagelbürste
- Schrubberbürste
- Wurzelbürste
- Staubsaugerbürste
- Topfbürste
- Zahnbürste
- Wildlederbürste
- WC-Bürste

Die Glaskiste

- Brillenglas
- Buntglas
- Fensterglas
- Flaschenglas
- Bleiglas
- Milchglas
- Kristallglas
- Spiegelglas

Eine lange Wörterschlange – Das Grundwort wird zum Bestimmungswort

Auch hier geht es wieder um die zusammengesetzten Wörter. Aus einem Kompositum wird das letzte Substantiv benutzt, um ein neues zusammengesetztes Wort zu bilden:

MILCH<u>REIS</u> → <u>REIS</u>KORN

Reis fungiert hier als sogenanntes Brückenwort, denn es verbindet die beiden Wörter miteinander.

MILCH – <u>REIS</u> – KORN.

Aus dem ursprünglichen, „alten" Begriff (Milchreis), entsteht durch die Verwendung des Brückenwortes und eines weiteren Substantivs somit ein neues, zusammengesetztes Wort (Reiskorn). Hier wird das Grundwort zum Bestimmungswort, das neue Grundwort bildet wiederum das nächste Bestimmungswort usw. Mit dieser Technik lassen sich lange Wortschlangen bilden.

DER WORTSCHLANGEN-KARTON

Während Kinder im Grundschulalter Wortschlangen bereits aus dem Gedächtnis heraus bilden können, benötigen Kinder im Kindergartenalter noch entsprechendes Arbeitsmaterial. Hier kann der Wortschlangen-Karton Einblicke und Überblicke verschaffen, Hilfe und Unterstützung bieten.

Er enthält konkrete Materialien, mit denen die Kinder zunächst an das Prinzip der Wortbildung herangeführt und damit vertraut ge-

macht werden. Die Entstehung der neuen Komposita wird dadurch nicht nur hörbar, sondern auch sichtbar und sogar begreifbar.
In der folgenden Beispielschlange werden Wortzusammensetzungen vorgestellt, die sich mit entsprechendem Material gegenständlich repräsentieren lassen.

INHALT DES KARTONS

Streichholz – Holzhaus – Hausdach – Dachziegel – Ziegelstein – Steinkohle – Kohlestift – Stiftdose – Dosenmilch – Milchreis – Reiskorn – Kornblume – Blumentopf – Topfblume

SPIELIDEEN RUND UM DIE WORTSCHLANGEN

Schlangenbabys

Um Kinder an die eigentliche Spielidee langsam heranzuführen, werden zunächst statt der langen Wörterschlangen kleine Schlangenbabys gebildet.
Das Kind wählt dazu aus dem bereitliegenden Material einen Gegenstand aus und legt ihn vor sich. Es benennt ihn und achtet dabei vor allem auf das zweite Substantiv des Wortes. Es sucht unter den Materialien den Gegenstand, der mit diesem Wort beginnt. Beide Teile werden nebeneinander gelegt und benannt. Dabei wird deutlich, dass

das letzte Wort der ersten Zusammensetzung nun zum ersten Wort der zweiten Zusammensetzung geworden ist.

Beispiel:
Das Kind wählt den Goldfisch und legt ihn vor sich. Es benennt ihn und betont dabei das zweite Wort der Zusammensetzung = Fisch. Dieses Wort muss es sich gut merken und unter den restlichen Materialien den Gegenstand heraussuchen, der mit Fisch beginnt = Fischdose. Goldfisch und Fischdose werden nebeneinander gelegt. Das Kind sucht einen neuen Gegenstand und verfährt ebenso.
Es entstehen viele kleine Schlangenbabys.
Je besser das Kind dieses Prinzip versteht, um so längere Wortschlangen kann es nach und nach bilden.

Wer wird Brückenwärter?

Auch in diesem Spiel wird noch nicht mit der ganzen Wörterschlange gearbeitet. Legen Sie immer zwei passende Materialien nebeneinander. Die Kinder betrachten die gebildeten Kombinationen. Sie sollen erkennen, wie das jeweilige Brückenwort heißt, dass die beiden Randwörter miteinander verbindet.

Beispiel:
Streichholz und Holzhaus liegen nebeneinander. Das Brückenwort ist in diesem Fall das Wort Holz. Wer dies zuerst erkennt, erhält einen Punkt. Das Kind mit den meisten gesammelten Punkten gewinnt und wird zum Brückenwärter ernannt.

Brücken bauen

Für ältere Kinder, die bereits lesen können, kann das Brückenwort auch mit Hilfe eines entsprechend gestalteten Schriftbildes deutlich sichtbar gemacht werden.
Schreiben Sie dazu beide Wortkombinationen in Großbuchstaben auf zwei Papierstreifen. Das Brückenwort erhält eine andere Farbe als die Randwörter. Machen Sie das Kind darauf aufmerksam, dass in beiden Wortzusammensetzungen „Holz" enthalten ist.

STREICH **HOLZ**	**HOLZ** HAUS

Schieben Sie die Streifen übereinander, bis nur noch einmal das Wort HOLZ zu sehen ist.

STREICH	*HOLZ*	**HAUS**

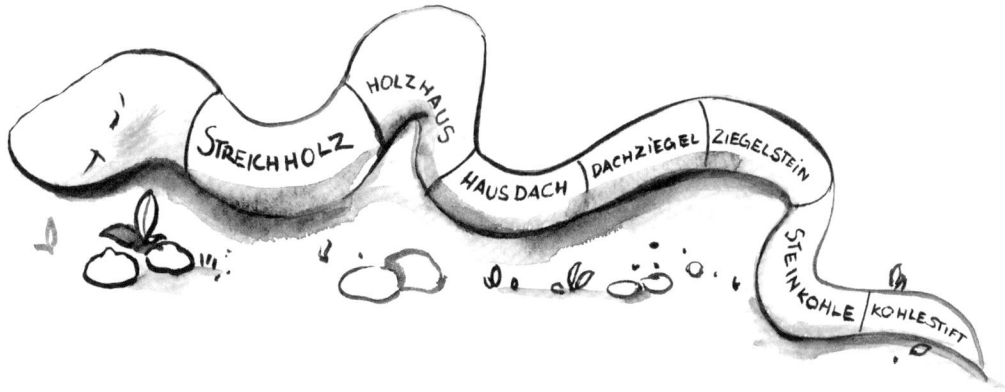

Das Kind kann nun erkennen, dass das Wort Holz die Verbindung, die Brücke zu den beiden Randwörtern ist.

Fertigen Sie zu jedem Gegenstand aus der Kiste einen entsprechenden Papierstreifen mit dem geschriebenen Begriff an. Die Kinder können die Wörter lesen, den Gegenständen zuordnen und so die gesamte Wortschlange legen.

Eine lange Wörterschlange

Alle Gegenstände so zu legen, dass eine lange Wörterschlange daraus entsteht, ist eine schwierige Aufgabe, die nur ältere Kinder alleine bewältigen können.
Suchen Sie den Gegenstand, mit dem die Wörterschlange beginnt, heraus. Das Kind benennt ihn. Machen Sie es auf das zweite Substantiv aufmerksam. Welcher Gegenstand beginnt mit diesem Wort? Das Kind sucht ihn heraus und legt ihn neben den ersten Gegenstand. Nach und nach entsteht eine lange Wörterschlange, in der, bei genauer Zuordnung, alle Materialien ihren Platz finden.

Geschichtenerzähler

Die Kinder sitzen im Kreis. Die Gegenstände liegen in der richtigen Reihenfolge nebeneinander auf dem Boden und bilden eine lange Wörterschlange. Ein Kind beginnt. Es bildet einen Satz, in dem der erste Gegenstand genannt wird. Das zweite Kind ist nun an der Reihe. Es erzählt die begonnene Geschichte weiter und bezieht den zweiten Gegenstand mit ein. Nach und nach wird jeder Gegenstand in die Geschichte integriert.

Beispiel:
1. Kind: Gestern habe ich ein Streichholz gefunden.
2. Kind: Ich habe meine Mama gefragt, ob wir noch mehr davon haben, denn ich wollte damit ein kleines Holzhaus basteln.
3. Kind: Als ich das Hausdach bauen wollte, musste meine Mama mir helfen.
4. Kind: Die Dachziegel habe ich mit Filzstift aufgemalt.

Älteren Kindern können Sie eine zusätzliche Aufgabe stellen. Sie sollen z. B. eine lustige, traurige oder gruselige Geschichte erzählen und die Gegenstände in den Text einbetten.

Schlangen-OP

Gemeinsam wird eine lange Wortschlange ausgelegt. Während alle wegschauen, vertauschen Sie zwei Gegenstände. Aufgabe der Kinder ist es, den Fehler zu entdecken und die Wortschlange wieder in der richtigen und sinnvollen Reihenfolge zusammenzusetzen.
Ältere Kinder spielen dieses Spiel gerne gegeneinander. Wer den Fehler zuerst entdeckt, darf die Schlangenoperation ausführen und erhält einen Spielchip. Wer am Ende die meisten Chips besitzt, ist der Sieger.

Milchzahn – Zahnseide – Seidenstoff – Stofftasche – Taschenkalender – Kalenderblatt – Blattgold – Goldfisch – Fischdose – Dosenmilch – Milchglas – Glasperle – Perlenarmband – Armbanduhr

---

Wir können die Plätze tauschen – Grund- und Bestimmungswort sind umkehrbar

Wie bereits erwähnt, haben in zwei- und mehrgliedrigen Zusammensetzungen das Grund- und das Bestimmungswort ihren festen Platz. Bei manchen Wörtern ist es möglich, Grund- und Bestimmungswort formal umzukehren. Beide tauschen die Plätze, ihre Positionen innerhalb der Wortzusammensetzung. Es entsteht aus den selben Substantiven ein neues zusammengesetztes Wort. Das vormals bestimmende Grundwort wird durch die Umkehrung zum Bestimmten, das zuvor Bestimmte wird zum Grundwort. So wird aus der Milchkuh die Kuhmilch, aus dem Blumentopf werden die Topfblumen.

DER TAUSCH-KARTON

Um Kinder auf das zuvor beschriebene Phänomen aufmerksam zu machen und um ihnen die Regeln dieser Umkehrungen deutlich vor Augen zu führen, eignen sich wiederum solche Wortzusammensetzungen, die wir gegenständlich darstellen können.

Die Arbeit mit dem Material zeigt neben dem Bildungsprinzip der vertauschten Wortzusammensetzung zudem, dass beide Komposita miteinander in Verbindung stehen. Zum Kartenspiel benötigen wir Spielkarten, zu einem Brettspiel gehört ein Spielbrett. Eine Quarkspeise wird aus Speisequark hergestellt, die Milchkuh liefert uns Kuhmilch.

INHALT DES KARTONS

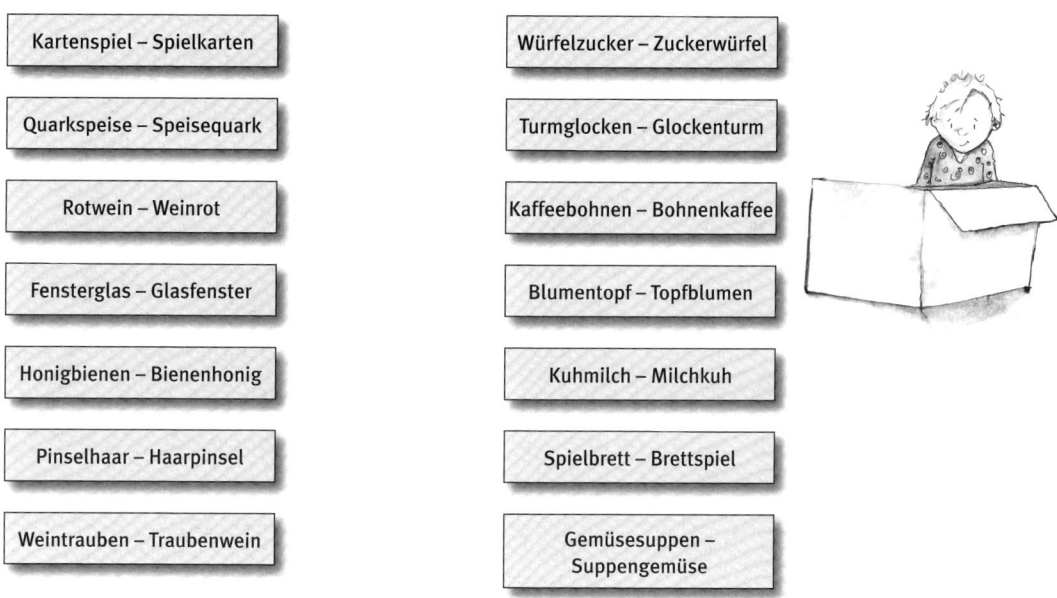

- Kartenspiel – Spielkarten
- Quarkspeise – Speisequark
- Rotwein – Weinrot
- Fensterglas – Glasfenster
- Honigbienen – Bienenhonig
- Pinselhaar – Haarpinsel
- Weintrauben – Traubenwein
- Würfelzucker – Zuckerwürfel
- Turmglocken – Glockenturm
- Kaffeebohnen – Bohnenkaffee
- Blumentopf – Topfblumen
- Kuhmilch – Milchkuh
- Spielbrett – Brettspiel
- Gemüsesuppen – Suppengemüse

SPIELIDEEN MIT DEN WORTUMKEHRUNGEN

Zuordnungsspiel

Sechs bis acht Gegenstände einer Umkehrgruppe wandern in den Tastbeutel. Die anderen Materialien liegen auf dem Tisch. Das erste Kind zieht einen Gegenstand aus dem Beutel. Wer findet zuerst das passende Gegenstück und kann es benennen? Die Kinder legen die gefundenen Paare nebeneinander. Das Spiel ist zu Ende, wenn alle Materialien einander zugeordnet sind.

Beispiel:
Paula zieht einen kleinen Beutel mit Kaffeebohnen aus dem Tastsäckchen. Tim hat gut aufgepasst und ruft als erster: „Dazu gehört der Bohnenkaffe!" Kaffeebohnen und Bohnenkaffe werden nebeneinander gelegt. Dann geht das Spiel weiter.

Geben Sie älteren Kindern auch einmal ein Teil in den Tastbeutel, das hier eigentlich nicht hineingehört und von dem dementsprechend kein Gegenstück ausliegt. Wer entdeckt zuerst den Fehler?

„Ich sage nur ...!"

Alle Gegenstände liegen auf dem Tisch. Die Kinder sollen sie einander zuordnen. Als kleine Hilfe geben Sie ihnen immer ein Wort einer Zusammensetzung.

Beispiel:
Sprechen Sie den Satz: „Ich sage nur: Milch!" Die Kinder überlegen, in welchen beiden Gegenständen das Wort Milch zu finden ist. Sie

entdecken die Milchkuh und die Verpackung der Kuhmilch und legen beide Materialien nebeneinander.
Geben Sie ihnen nun einen neuen Tipp, z. B.: „Ich sage nur: Bohnen!"
Nach und nach suchen die Kinder die Wortpaare heraus und legen die entsprechenden Gegenstände nebeneinander.

Sätze bilden

Jedes Kind sucht sich zwei passende Gegenstände aus der Kiste. Diese soll es jetzt in einem Satz in Relation zueinander bringen.

Beispiel:
Ein Kind wählt die Milchkuh und die Kuhmilchpackung. Sätze, in denen beide Gegenstände genannt werden und in denen ein Zusammenhang zwischen den einzelnen Wörtern deutlich wird, könnten sein:
„Die Milchkuh gibt leckere Kuhmilch."
„Kuhmilch kommt von der Milchkuh."

Ganz schön verwirrend

Noch ein Spiel, in dem es darum geht, Sätze zu bilden. Dabei sollen möglichst oft die beiden Wortzusammensetzungen in unterschiedlichen Kombinationen benutzt werden. Hier sind vor allem ältere Kinder gefragt.

Beispiele:
- Zum Kartenspielen braucht man Spielkarten, denn ohne Spielkarten kann man kein Kartenspiel spielen.
- Glasfenster sind immer aus Fensterglas, denn ohne Fensterglas könnte man nicht aus dem Glasfenster sehen.
- Suppengemüse macht erst eine Gemüsesuppe zur Gemüsesuppe, denn ohne Suppengemüse wäre eine Gemüsesuppe keine Gemüsesuppe.
- Honigbienen machen leckeren Bienenhonig, den es ohne Honigbienen nicht gäbe.
- Die kleine Turmglocke auf dem großen Glockenturm klingt anders als die große Turmglocke auf dem kleinen Glockenturm.
- Der große Glockenturm hat eine kleine Turmglocke, während die große Turmglocke auf dem kleinen Glockenturm hängt.

Viel Spaß beim Nachsprechen.

Schwarz auf weiß

Damit die Wortspielereien für ältere Kinder deutlich sichtbar und lesbar werden, können Sie entsprechende Namenkarten anfertigen. Durch die Arbeit mit den farblich gestalteten Schriftzügen erkennen die Kinder, dass es sich um die gleichen Wörter in umgekehrter Zusammensetzung handelt.
Schreiben Sie dazu beide Begriffe auf einen Papierstreifen.

HONIG	**BIENEN**

Lesen Sie dem Kind die Wörter vor. Dann schneiden Sie den Streifen in der Mitte durch. Verschieben Sie die Wortpositionen, so dass nun Bienen am Wortanfang und Honig am Wortende steht.

Das Kind kann deutlich erkennen, dass mit den gleichen Wörtern gearbeitet wurde.
Entsprechende Bildkarten, auf denen zudem die Begriffe stehen, bieten weitere Spielmöglichkeiten auch für jüngere Kinder.

Wir stehen über allem — Oberbegriffe finden

Oberbegriffe sind all jene Begriffe, die nicht der direkten Bezeichnung von Gegenständen, Tätigkeiten, Sachverhalten usw. dienen, sondern diese in übergeordnete Zusammenhänge gruppieren. Jeder Oberbegriff fasst somit scheinbar verschiedenste Dinge zusammen, und macht deutlich, dass diese eine Zusammengehörigkeit aufweisen, z. B. indem sie einem ähnlichen Zweck dienen. Löffel, Messer, Gabeln benutzen wir zum Essen. Sie werden unter dem Oberbegriff Besteck zusammengefasst. Der Oberbegriff Kleidung beinhaltet Hosen, Blusen, Jacken, Strümpfe.
Wir können Oberbegriffe daher in der Arbeit mit Kindern auch als Sammelnamen bezeichnen.
Oberbegriffe ermöglichen es uns, die Vielgestaltigkeit der Welt zu ordnen und sie somit überschaubarer zu machen.
Zu jedem Oberbegriff existieren immer auch mehrere Unterbegriffe. So führt die Einteilung der Lebewesen dieser Erde über die Tiere, Säugetiere, Haustiere, Vierbeiner, Hunde, Dackel bis hin zum Rauhaardackel. Daraus ergibt sich wiederum, dass Unterbegriffe verschiedene Oberbegriffe haben.

Alle Tätigkeiten des Kindes wie z. B. Spielsachen aufräumen und entsprechend gruppieren, Geschirr und Besteck einsortieren oder Kleidung zu ordnen, bilden die Basis für die Entwicklung sprachlicher Oberbegriffe. Im Gegensatz zu den konkreten Dingen, die das Kind hier ordnet, sind Oberbegriffe jedoch abstrakte Wörter, die durch vielfältige Angebote an Kinder herangetragen und mit ihnen spielerisch eingeübt werden können. Dabei sollten zunächst Sammelnamen vermittelt werden, die konkrete, reale Gegenstände als Sammelmerkmale besitzen (z. B. Spielzeug, Kleidung, Obst). Erst mit zunehmendem Alter sind Kinder in der Lage, auch abstrakte Wörter entsprechenden Oberbegriffen zuzuordnen (z. B. Gefühle).

Der „Ordnung muss sein"-Karton

Alle Gegenstände, die uns umgeben und die wir tagtäglich handhaben, lassen sich bestimmten Oberbegriffen zuordnen. Kinder müssen diese Begriffe erst kennen lernen. Vor allem alltägliche Aufräumspiele und Sortierübungen helfen ihnen, einen Überblick über verschiedene Oberbegriffe zu erhalten. Alle Spielsachen kommen in eine Kiste, alle Kleidungsstücke räumen wir in den Kleiderschrank, die Bücher wandern in das Bücherregal.

Ältere Kinder sind dagegen in der Lage, sich schon sehr differenziert mit Oberbegriffen zu beschäftigen. Hier können anhand einiger ausgewählter Gegenstände bereits Ordnungsprinzipien exemplarisch deutlich gemacht werden. So reichen zwei bis drei Materialien aus dem Lebensumfeld der Kinder bereits aus, um sie den unterschiedlichen Oberbegriffen zuzuordnen.
Der „Ordnung muss sein"-Karton enthält solche Gegenstände.

INHALT DES KARTONS

- ein Spielzeugauto und ein Playmobil-Fahrrad (= Fahrzeuge, Spielzeug)
- ein Plastikapfel und eine Plastikbanane aus dem Kaufladen (= Obst)
- ein Stuhl und ein Schrank aus dem Puppenhaus (= Möbel)
- ein Teller und eine Tasse (= Geschirr)
- eine Puppenhose und ein Puppenkleid (= Kleidung)
- ein kleiner Plastikdackel, ein kleiner Spitz (= Hunde, Tiere, Vierbeiner)
- ein Spielzeughund und eine Spielzeugkuh (= Tiere, Vierbeiner, Säugetiere)
- ein Ring und eine Kette (= Schmuck)
- ein kleiner Ball, eine kleine Puppe (= Spielzeug)

SPIELE RUND UM DIE OBERBEGRIFFE

Raus aus dem Karton

Bei diesem Spiel werden zunächst wieder alle Gegenstände der Reihe nach mit den Kindern aus dem Karton genommen, betrachtet, beschrieben und benannt. Es geht zunächst noch nicht darum, die Dinge zu ordnen und die jeweiligen Oberbegriffe zu finden. Im Mittelpunkt des Spiels steht vielmehr das Benennen und Beschreiben der Dinge. Die Kinder sollen zum Erzählen angeregt werden.

Was gehört zusammen?

Alle Gegenstände liegen auf dem Tisch. Kennen die Kinder Kriterien, nach denen die Materialien geordnet werden können? Fragen Sie nach und lassen Sie die Dinge nach den Vorschlägen der Kinder sortieren. Vielleicht hat ein Kind die Idee, Puppenhose und Puppenkleid, Apfel und Banane usw. zusammenzulegen, da die Teile den gleichen Verwendungszweck haben. Dann lässt sich schnell herausarbeiten, dass es Oberbegriffe, Sammelnamen für die gebildeten Gruppen gibt wie z. B. Kleidungsstücke oder Obst. Erarbeiten Sie mit den Kindern die jeweilgen Oberbegriffe und lassen Sie sie weitere Gegenstände zu den Gruppierungen aufzählen.

Auf Schatzsuche

Alle Gegenstände des Kartons werden geordnet und in Zweiergruppen untereinander ausgelegt, d. h. die Fahrzeuge liegen untereinander, darunter die Kleidungsstücke, die Möbel und die restlichen Materialien. Geben Sie dem Kind nun den Auftrag, auf Schatzsuche im Raum/in der Einrichtung zu gehen. Es soll mindestens zwei weitere Dinge zu den einzelnen Gruppen suchen und die gefundenen Schätze den jeweiligen Oberbegriffen zuordnen. Lassen Sie das Kind noch einmal die Gegenstände benennen, die Zuordnung begründen und überlegen Sie dann gemeinsam, ob die Zuordnung zu den Oberbegriffen richtig vorgenommen wurde.

Jacke wie Hose

Alle Materialien wandern in den Tastbeutel. Ein Kind beginnt mit dem Spiel. Es greift in den Beutel und zieht einen Gegenstand heraus,

z. B. eine Puppenhose. Bei jüngeren Kindern wird gemeinsam überlegt, wie das Teil heißt und welchem Oberbegriff es zugeordnet wird. Dann nennt das Kind einen weiteren Gegenstand, der zu diesem Oberbegriff passt (z. B. Jacke). Die Hose wandert zurück in den Tastbeutel. Das nächste Kind ist an der Reihe.

In einer neuen Spielrunde kann die Aufgabe der Kinder etwas schwieriger gestaltet werden. Hier wird zunächst aus dem Tastbeutel ein Gegenstand gezogen und benannt. Welcher Oberbegriff passt zu dem gezogenen Teil? Das Kind soll einen weiteren Gegenstand aus dem Tastbeutel ziehen, der ebenfalls zu diesem Oberbegriff passt.

Beispiel:
Das Kind zieht einen Ring aus dem Tastbeutel. Es benennt ihn und ordnet ihn dem Oberbegriff Schmuck zu. Es greift erneut in den Tastbeutel, um ein weiteres Schmuckstück zu finden. Das Kind fühlt die Kette, zieht sie aus dem Beutel und benennt sie. Beide Teile, Ring und Kette, wurden zu dem richtigen Oberbegriff gruppiert. Das nächste Kind ist nun an der Reihe.

Zugriff

Zu diesem Spiel benötigen Sie neben einem Vorrat an Spielchips Gegenstände zu sechs bis acht verschiedenen Oberbegriffen. Sie können die Materialien vor Spielbeginn gemeinsam mit den Kindern im Raum zusammensuchen. Zu jedem Oberbegriff muss immer ein Teil weniger als Kinder mitspielen vorhanden sein.

Alle Gegenstände liegen auf dem Spielfeld. Nennen Sie einen beliebigen Oberbegriff. Jedes Kind greift nun schnell zu und sucht unter den Materialien ein passendes Teil. Leider geht ein Kind leer aus.

Mit älteren Kindern kann in einer verschärften Version gespielt werden. Wer keinen Gegenstand erwischt, muss sich einen Spielchip aus dem Vorrat nehmen. Wer nach einer zuvor festgelegten Spielrundenzahl die meisten Spielchips besitzt, hat leider verloren.

Nennen Sie auch Oberbegriffe, zu denen keine Materialien vorhanden sind. So müssen die Kinder immer wieder konzentriert bei der Sache sein.

„Mein rechter, rechter Platz ist frei ..."

Dies ist eine Variation des bekannten Spielklassikers. Es wird jedoch auf Zeit gespielt. Auch hier sitzen die Kinder auf Stühlen im Kreis, wobei ein Stuhl frei bleiben muss. Die Gegenstände werden an die Mitspieler verteilt. Achten Sie darauf, dass nebeneinander sitzende Kinder keine Gegenstände mit gleichem Oberbegriff erhalten.

Beispiel:
Das Kind, dass links neben dem freien Stuhl sitzt, beginnt mit dem Spiel. Es schaut sich seinen Gegenstand genau an (=Puppenhose) und spricht den Satz: „Mein rechter, rechter Platz ist frei, ich wünsche mir das Kind mit einem Kleidungsstück herbei." Wer hält das Puppenkleid in der Hand? Dieses Kind setzt sich auf den freien Stuhl und das Spiel geht weiter, bis die vereinbarte Spielzeit abgelaufen ist. Welche Kinder mit Gegenständen, die den gleichen Oberbegriff haben, sitzen nun nebeneinander?

Eine weitere Spielmöglichkeit ist folgende: Es werden mehrere Gegenstände eines Oberbegriffs an alle Mitspieler verteilt. So befinden sich z. B. fünf Kleidungsstücke, fünf Schmuckteile, fünf Obstsorten in der Runde. Ein Kind beginnt mit dem Satz: „Mein rechter,

rechter Platz ist frei, ich wünsche mir ein Kind mit Obst herbei!" Nun können alle Kinder, die ein Obststück in der Hand halten, schnell versuchen, den leeren Stuhl zu erreichen. Dabei ist natürlich wesentlich mehr Action im Spiel.

Warenlieferung

Die Kinder schlüpfen in die Rolle eines Abteilungsleiters, der in einem großen Kaufhaus arbeitet. Dazu sucht sich jedes Kind eine Abteilung aus (Lebensmittelabteilung, Schreibwarenabteilung, Spielwarenabteilung, Schmuckabteilung usw.).

Heute, am Liefertag der neuen Ware, ist einiges schief gelaufen. Die Spediteure haben alle Artikel gleichzeitig gebracht, so dass nun alles durcheinander geraten ist. Aufgabe der Abteilungsleiter ist es, die zu ihrer Abteilung gehörenden Gegenstände aus dem Warenberg herauszusuchen. Wem gelingt es zuerst, seine Abteilung einzurichten?

Alle Gegenstände liegen in der Raummitte aus. Jedes Kind sucht sich einen Bereich, der seine Abteilung darstellt. Nachdem geklärt ist, wer welche Sparte vertritt, kann das Spiel beginnen. Nach dem Startsignal flitzen alle los und suchen aus dem Warenberg die zu ihrer Abteilung gehörenden Gegenstände heraus. Natürlich darf immer nur ein Teil in die Abteilung transportiert werden.

Wer schafft es zuerst, seine Waren einzusammeln? Zum Schluss kontrolliert der „Kaufhausbesitzer", ob die Abteilungsleiter wirklich nur die Gegenstände besitzen, die zu ihrer Abteilung gehören.

Missgeschick

Die Kinder sitzen auf Stühlen im Kreis. Ein Stuhl fehlt. In der Kreismitte liegen verschiedene Obstsorten. Jedes Kind sucht sich davon ein Teil aus.
Während Sie nun, eine Geschichte erzählend, im Kreis umhergehen, müssen die Kinder genau zuhören. Wird ihr Obst genannt, schließen sie sich Ihnen an und laufen im Kreis mit. Es wird so lange weitergespielt, bis alle Mitspieler in Bewegung sind.
Jetzt kommen Sie zum Ende der Geschichte. Sie berichten von einem Missgeschick, das Ihnen leider passiert ist. So kann die Tüte beim Einkaufen platzen, der Einkaufskorb kaputt gehen und das ganze Obst auf den Boden fallen.
Dies ist das Stichwort. Sobald die Kinder den Oberbegriff hören, versucht jedes, schnell einen freien Stuhl zu erwischen. Leider hat ein Spieler kein Glück. Er muss ein Pfand abgeben.

Beispiel:
„Gestern war ich einkaufen. Um einen leckeren Nachtisch zu machen, habe ich einen schönen, dicken Apfel in meinen Einkaufswagen gelegt. Auch die Birnen sahen so appetitlich aus, dass ich eine davon mitnahm. Die Bananen hatten noch eine sehr grüne Schale, aber auch davon legte ich eine in den Einkaufswagen. Die Kiwis waren noch ganz hart, so dass ich statt dessen lieber ein Paar Mandarinen auswählte. Die Trauben waren leider recht teuer. Die Ananas sah lecker aus. Auch sie legte ich in den Einkaufswagen.
Ich ging zur Kasse, bezahlte und packte alles in meine Einkaufstasche. Auf dem Weg zum Auto platzte plötzlich die Tüte und das ganze <u>Obst</u> fiel auf den Boden."

Dies ist das Signalwort. Jedes Kind sucht sich nun schnell einen freien Stuhl.

Natürlich können Sie eine ähnliche Geschichte auch mit anderen Gegenständen erzählen. So können Sie einen Kleiderschrank aufräumen und verschiedene Kleidungsstücke kontrollieren und sortieren. Sie können Gemüse, Süßigkeiten, Schmuck oder Geschirr einkaufen. Immer wenn die Kinder den entsprechenden Oberbegriff hören, müssen sie sich schnell auf einen freien Stuhl setzen.

Kaufladenspiele

Richten Sie gemeinsam mit den Kindern einen Kaufladen ein. Hier sollten nicht nur Lebensmittel in den Regalen stehen. Variieren Sie von Zeit zu Zeit die Artikel, die die Kinder verkaufen und kaufen können.

Auch Schmuck, Spielzeug oder Schreibwaren eignen sich als Ware. Schon beim Einrichten des Ladens lernen die Kinder spielerisch, Gegenstände nach bestimmten Merkmalen zu ordnen, Oberbegriffe für unterschiedliche Artikel zu finden und das Geschäft entsprechend einzurichten.

Wie und was ist denn das? – Adjektive oder Eigenschaftswörter

Adjektive definieren, wie etwas ist. Sie ermöglichen es uns also, einen Gegenstand oder eine Person genauer zu beschreiben, bestimmte Merkmale und Eigenschaften zu benennen. Zudem können wir Adjektive steigern und somit Vergleiche deutlich machen: Der Samtstoff ist weich, aber der Seidenstoff ist weicher.

Zum Erkennen der unterschiedlichen Qualitäten und Eigenschaften eines Gegenstandes sind wir auf unsere Sinne angewiesen.
- Die Augen sehen, ob etwas groß, klein, dick, dünn, hoch oder niedrig ist.
- Die Ohren hören, ob etwas piepst, pfeift, brummt, knurrt, laut oder leise ist.
- Die Nase riecht, ob etwas stinkt, duftet, stechend oder beißend riecht.
- Mit dem Mund erfahren wir, ob etwas salzig, süß, bitter oder sauer schmeckt.
- Mit dem Tastsinn fühlen wir, ob etwas glatt, rau, weich, warm oder uneben ist.
- Mit dem Gleichgewichtssinn spüren wir, ob etwas wackelt, schwankt, schaukelt, labil oder stabil ist.

Damit Kinder in der Lage sind, sich ein möglichst sinnvolles, reichhaltiges Repertoire an Adjektiven anzueignen, müssen wir ihnen daher in ihrem Umfeld entsprechend vielseitige Sinneswahrnehmungen ermöglichen. Die hierbei gesammelten Erfahrungen und Erkenntnisse fördern nicht nur die Wahrnehmungsfähigkeit der Kinder, sondern tragen zudem zur Differenzierung und Erweiterung des Wortschatzes bei.

DER STOFFKARTON

Geht es Ihnen auch so? Sobald Sie die Stoffabteilung eines Kaufhauses betreten, streichen die Hände unentwegt über die dort ausgelegten Stoffe. Stoffballen für Stoffballen, Stoffart für Stoffart werden zunächst optisch wahrgenommen, mit den Händen erspürt und einsortiert in angenehm, unangenehm, weich, dünn, leicht … Auch Kinder lieben es, unterschiedliche Stoffe zu berühren. Sie streicheln die Weste aus Nickistoff, die die Erzieherin trägt, weil der Stoff so schön kuschelig ist oder drücken das Samtkissen an ihre Wange, weil es so angenehm weich ist.

Dieses Interesse an den unterschiedlichen Stoffen wird mit dem Stoffkoffer und den darin vorbereiteten Stoffen genutzt, um den Kindern die Namen der Stoffarten nahe zu bringen und um die unterschiedlichen Eigenschaften deutlich zu machen. Die in dem Koffer aufbewahrten Stoffstücke ermöglichen es, viele verschiedene Materialeigenschaften zu sehen und zu fühlen. Hart, weich, glatt, rau, starr, steif, fest, locker, beweglich, biegsam, uneben, durchsichtig, undurchsichtig, dicht, dünn, leicht, schwer, grob, fein, bunt (gelb, rot, blau …), uni oder gemustert (gestreift, gepunktet, getupft, kariert …) können differenziert wahrgenommen werden. Durch die unterschiedliche Größe der Stoffstücke können die Kinder sogar groß und klein voneinander unterscheiden.

Damit die Stoffstücke eine möglichst lange Lebensdauer haben, sollten sie je nach Stoffart mit der Zickzackschere gesäumt oder mit einem schmalen Stoffrand umnäht werden.

Inhalt des Stoffkoffers

Spiele mit dem Stoffkoffer

Wie und was ist denn das?

Nehmen Sie gemeinsam mit den Kindern die einzelnen Stoffstücke aus dem Koffer und breiten Sie sie aus. Lassen Sie die Kinder zunächst ausgiebig die einzelnen Materialien mit den Händen ertasten und natürlich an weiteren Körperteilen wie Gesicht, Armen und im Sommer auch an den Beinen erfühlen.
Die Kinder werden Ihnen durch Ausrufe wie „Das ist aber weich!" „Das kratzt ganz schön!" schnell zeigen, welche Adjektive sie bereits kennen.
Natürlich kann es nicht nur darum gehen, wie sich die Stoffe anfühlen. Jedes Material hat einen eigenen Namen, den die Kinder kennen lernen sollen, damit sie genauer beschreiben können, was sich denn da weich anfühlt, was kratzt oder was sie als leicht wahrnehmen. Fragen Sie nach, welche Materialien den Kindern bereits bekannt sind. Geben Sie ihnen die Namen zu den Stoffen, die sie noch nicht kennen.

Weißt du, was ich möchte?

Auf dem Tisch liegen vier bis fünf Stoffstücke, die sich stark voneinander unterscheiden. Bitten Sie das Kind, Ihnen eines der Stoffstücke zu geben. Gibt es Ihnen nun irgendein Stoffteil, sagen Sie: „Nein, das möchte ich nicht!" Das Spiel wird so lange fortgesetzt, bis das Kind fragt: „Welches Stoffstück möchtest du denn?" Antworten Sie: „Ich möchte das kleinste Stoffstück/ das bunte Stoffstück/ das pelzige Stoffstück …!"
Dadurch wird dem Kind die Funktion des Adjektivs deutlich.

Fühl einmal ganz genau!

Damit die Kinder ein intensives Empfinden dafür bekommen, wie sich die unterschiedlichen Stoffe anfühlen, ist es sinnvoll den Gesichtssinn beim Fühlen auszuschalten. Bieten Sie den Kindern Augenbinden an oder fordern Sie sie auf, während des Fühlens die Augen zu schließen. So können sie die Tasteindrücke wesentlich differenzierter und nachhaltiger wahrnehmen.

Lassen Sie die Kinder die Eindrücke, die sie während des Fühlens gewinnen, beschreiben. Finden die Kinder keine passenden Worte, so helfen Sie ihnen, indem Sie z. B. gezielt nachfragen, wie sich der Gegenstand anfühlt; ob das Kind ihn als angenehm oder unangenehm empfindet; ob es erkennen kann, um welchen Stoff es sich handelt.

Was ist weich und was ist leicht?

Bei dieser Übung geht es darum, die einzelnen Stoffe zu sortieren. Zunächst muss jedoch geklärt werden, nach welchen Ordnungskriterien gesucht wird. Gilt es, alle weichen oder alle festen Stoffe zu erkennen? Sollen alle leichten Stoffe oder alle, die sehr schwer sind, gesucht werden? Welche Stoffe fühlen sich gut an, welche sind eher unangenehm? Welche haben eine glatte, welche eine strukturierte Oberfläche? Welches ist das kleinste Stoffstück, welches das größte?

Hier wird schon deutlich, dass gerade die taktile Wahrnehmung jedes Einzelnen sehr individuell ist. Das, was ich als angenehm empfinde, nimmt mein Gegenüber vielleicht als unangenehm wahr. Es gibt hier also kein Richtig und kein Falsch, sondern nur die Aussage: „Ich fühle es so – du fühlst es so!" Dies müssen Kinder erkennen, verstehen und akzeptieren lernen.

Wortspielereien

Adjektive lassen sich steigern – dies soll den Kindern mit folgendem Spiel deutlich werden.

Wählen Sie mit dem Kind zwei weiche Stoffe aus dem Stoffkarton aus (z. B. Samt, Nicki). Das Kind befühlt die Stoffe ausgiebig. Fragen Sie nach, ob es einen Unterschied feststellt. Ist ein Stoff weicher als der andere? Welcher ist weich? Welcher ist weicher?
Nehmen Sie den weichen Stoff in die Hände und befühlen Sie ihn: „Der ist weich!" Nehmen Sie den anderen Stoff und fühlen Sie auch dessen Qualität. Legen Sie die Stoffe nebeneinander: „Der ist weicher!".
Suchen Sie gemeinsam mit dem Kind weitere Merkmale, die sich steigern lassen:

grob gewebt – gröber gewebt
durchsichtig – durchsichtiger
leicht – leichter
bunt – bunter
dunkel – dunkler
glatt – glatter
fest – fester
klein – kleiner
dick – dicker

Ältere Kinder können vielleicht sogar noch eine weitere Steigerung erkennen:

Der Stoff ist weich (Pelzimitat),
der ist weicher (Samt),
der ist am weichsten (Nickistoff).

Gegensätze ziehen sich an

Da die Stoffstücke recht unterschiedliche Stoffqualitäten besitzen, lassen sich auch mühelos gegensätzliche Eigenschaften paaren. Aufgabe der Kinder ist es, möglichst viele Stoffstücke zu finden, die sich deutlich voneinander unterscheiden.

- Nickistoff ist weich – Polsterstoff fühlt sich dagegen hart an.
- Seide ist fein gewebt – Jute dagegen grob.
- Gaze ist ein leichter Stoff – Polsterstoff dagegen ist schwer.
- Schaumstoff ist relativ dick – Seide dagegen ist ganz dünn.
- Der Baumwollstoff ist gemustert – der Jeansstoff ist uni.

Reim dich oder ich fress dich – Spielideen mit Reimwörtern

Ein Reim ist zunächst die lautliche Übereinstimmung zweier Wörter ab dem letzten betonten Vokal (Aal-Wal). Viele unterschiedliche Reimarten (männlicher Reim, weiblicher Reim, Doppelreim …) werden zur Gestaltung von Gedichten, Abzählversen, Liedtexten oder Fingerspielen genutzt. Klangmerkmale wie die Sprechmelodie, der Rhythmus und die Betonung kommen gerade hierin gut zur Geltung. Sie ermöglichen es uns, sich die entsprechenden Wörter oder Texte schnell einzuprägen, sie zu behalten und wiederzugeben.

Reime sind Kindern schon aus ihren ersten Sprachversuchen bekannt, denn Wörter wie Mama, Papa, Wauwau sind nichts anderes als Silbendopplungen.

Im Umgang mit Reimen lernen Kinder spielerisch, lustvoll und experimentell mit Sprache umzugehen. Sie erkennen, dass Sprache neben einer Bedeutung und einem Inhalt auch eine Form hat. Reime erweitern den Wortschatz, steigern die Konzentrations- und Merkfähigkeit und regen Kinder immer wieder an, neue Reime zu entdecken und zu erfinden. Dabei entstehen oft auch lustige, völlig unlogische und abenteuerliche Wortneuschöpfungen.

DIE REIMSCHACHTEL

Bei der Auswahl der Reimpaare habe ich darauf geachtet solche Reime zu suchen, die sich mit Gegenständen darstellen lassen.

Die Kinder kennen sicherlich weitere Wörter, die sich auf die Materialien reimen, die wir ihnen aber nicht figürlich anbieten können. So werden sie schnell von Bus und Nuss zum Kuss kommen. Sie werden Tee, Fee und See, vielleicht auch Schnee reimen. Ermuntern Sie die Kinder in ihrem Tun.

INHALT DER REIMSCHACHTEL

> Bus – Nuss, Tisch – Fisch, Tuch – Buch, Kopf – Topf,
> Schnur – Uhr, Zwerg – Berg, Tee – Fee, Kern – Stern,
> Schild – Bild, Zug – Krug, Pilz – Filz, Klammer – Hammer,
> Flasche – Tasche, Decke – Schnecke, Schrank – Bank,
> Schuh – Kuh, Kasse – Tasse, Kutsche – Rutsche,
> Turm – Wurm, Herd – Pferd, Pfanne – Kanne,
> Igel – Spiegel, Feder – Leder, Seide – Kreide,
> Gummi – Flummi, Hase – Vase

SPIELIDEEN MIT DER REIMSCHACHTEL

Reime finden

Die Gegenstände liegen aus, werden gemeinsam mit den Kindern betrachtet und benannt. Gelingt es den Kindern zu erkennen, worum es geht, werden sie schnell versuchen, alle passenden Reimpaare zu finden. Die entsprechenden Gegenstände werden nebeneinander gelegt.

Verwenden Sie zunächst nur Gegenstände, die Paarreime ermöglichen. Sind die Kinder im Bilden und Finden von Reimen geübt, können Sie ihnen auch längere Reimkombinationen anbieten.

Partnersuche

Verteilen Sie die Gegenstände an die Kinder. Jeder schaut sich genau an, was er da in den Händen hält und überlegt, welcher Reim sich mit dem Gegenstand bilden lässt. Nach dem Startzeichen versuchen dann alle möglichst schnell, ihren Reimpartner zu finden. In einer Abschlussrunde stellen die Paare ihre Reimwörter vor.

Ja oder nein?

In diesem Spiel geht es darum zu erkennen, ob ein Reim vorliegt oder nicht. Legen Sie alle Gegenstände in den Tastbeutel. Während Sie den kleinen Vers sprechen, greifen Sie in den Beutel und ziehen wahllos zwei Materialien heraus. Legen Sie die beiden Teile nebeneinander.

> „Maus und Haus,
> sagt kann das sein?
> Ist es ein Reim?
> Ja oder nein?"

Erkennen die Kinder, dass sich die Gegenstände reimen, werden sie paarweise zur Seite gelegt. Ist kein Reim gebildet, kommen die Materialien zurück in den Beutel.

Das Spiel wird so lange fortgesetzt, bis alle Reimpaare gefunden wurden.

Natürlich kann auch ein Kind die Frage stellen und dazu den Text sprechen.

Reim-Lotto

Mit den Reimgegenständen können die Kinder sogar Lotto spielen. Während die eine Hälfte der Gegenstände auf dem Tisch ausgelegt wird, wandert die andere Hälfte in den Tastbeutel. Reihum greifen die Kinder nun blind in den Beutel. Der herausgezogene Gegenstand muss nun dem entsprechenden Material auf dem Tisch zugeordnet werden, das zur Reimbildung nötig ist. Zieht das Kind z. B. ein kleines Buch aus dem Tastbeutel, so muss es dieses neben dem Tuch ablegen, denn Buch und Tuch ergeben den Reim. Das Spiel ist beendet, wenn alle Reimpaare gefunden wurden.

Klein aber fein

Bei diesem Spiel werden die Reimwörter in kleine Verse eingebaut. Dazu müssen natürlich zuerst wieder einmal die entsprechenden Reimgegenstände gefunden und gepaart werden.

Beginnen Sie mit dem Spiel und machen Sie den Kindern anhand eines Beispiels deutlich, wie sie kleine Zweizeiler bilden können.

Beispiel:
Legen Sie den Fisch und den Tisch vor sich und sprechen Sie den Vers:

> „Hier auf dem Tisch,
> liegt ein toter Fisch."

Fordern Sie die Kinder auf, ebenfalls zwei Gegenstände auszusuchen und einen kleinen, aber feinen Reim damit zu bilden. Die Verse müssen nicht logisch sein.

Je geübter die Kinder im Finden der Reime sind, um so müheloser gelingt es ihnen, bald kleinere Texte und kurze Gedichte zu erfinden, die z. B. auch Dreierreimkombinationen beinhalten.

Ein Reimbuch herstellen

Älteren Kindern macht es Spaß, die gefundenen Reime in einem kleinen Buch zu sammeln. Während die Kinder die entsprechenden Reimgeschichten erfinden und malen, können Sie den passenden Text unter die Bilder schreiben. Hier wird der Reim nicht nur hörbar, sondern auch sichtbar auf Papier festgehalten.
Die Kinder können das Buch mit sich tragen, Verwandten, Bekannten und Freunden zeigen. Auf diese Weise geht die sprachliche Auseinandersetzung mit den Reimen über das schriftliche Festhalten hinaus weiter.

Quatsch-Reimereien

Paaren Sie gemeinsam mit den Kindern alle Gegenstände, die einen Reim bilden und benennen Sie alle entstehenden Reime. Fordern Sie nun die Kinder auf, die Augen zu schließen oder sich umzudrehen. Vertauschen Sie zwei Gegenstände miteinander. Dies hat natürlich zur Folge, dass zwei Paare nun keinen Reim mehr ergeben. Können die Kinder erkennen, welche Gegenstände nicht zusammen passen? Wer kann die „falschen" Kombinationen erkennen und die Reimordnung wieder herstellen?

„Simsalabim, 1, 2, 3 …"

Legen Sie die Reimpaare auf dem Spielfeld aus. Nehmen Sie einen kleinen Zauberstab zur Hand. Kreisen Sie damit langsam über den Gegenständen und sprechen Sie folgenden Vers:

„Simsalabim, 1, 2, 3,
Maus und Haus ist Reimerei."

Tippen Sie mit dem Zauberstab auf die genannten Gegenstände. Geben Sie den Zauberstab an ein Kind ab, dass sich nun in der Zauberei üben kann.

„Ich sehe …!"

Wieder liegen alle Gegenstände gut gemischt auf dem Tisch. Sprechen Sie:
„Ich sehe eine Sonne
und suche nun die …!" (Tonne)

Das Kind ergänzt den Text, sucht die beiden Gegenstände und legt sie nebeneinander. Nach und nach werden alle Reimpaare mit Hilfe eines entsprechenden kleinen Zweizeilers gefunden und einander zugeordnet.

Laden Sie die Kinder ein, einen kleinen Text selbst zu erfinden und so vorzugeben, welcher Gegenstand ergänzt und gesucht werden muss.

Abzählverse

Kinder können Reime finden, mit Reimen kurze Sätze und kleine Texte bilden. Es gelingt ihnen sicher auch, Abzählverse in Reimform zu kreieren.

Legen Sie mit den Kindern die passenden Reimgegenstände nebeneinander. Geben Sie ihnen ein Beispiel, wie ein Abzählvers entstehen kann.

Beispiele:

>Nikolaus kommt ins Haus,
>sieht 'ne Maus.
>Fällt um vor Schreck
>und du bist weg.
>Auf der Decke
>kriecht 'ne Schnecke.
>Kommt nicht vom Fleck
>und du bist weg.
>
>Ein großer Bus fährt
>über eine Nuss.
>Für dich ist Schluss.

Sammeln Sie alle Abzählverse, die die Kinder erfinden, in einem kleinen Buch. Immer, wenn es darum geht, zu bestimmen wer z. B. mit einem Spiel beginnt, kann ein Abzählvers aus dem Buch zur Hilfe genommen werden.

Bildkarten

Stellen Sie Bildkarten her, auf denen jeweils einer der Reimgegenstände der einzelnen Reimpaare zu sehen ist. Laminieren Sie die Karten nach Möglichkeit, so dass sie lange haltbar sind. Die Kinder legen alle Karten auf einen Stapel. Die Gegenstände aus der Kiste liegen ebenfalls auf dem Tisch. Die oberste Karte wird aufgedeckt und der darauf abgebildete Gegenstand gesucht. Was reimt sich darauf? Der entsprechende Gegenstand muss gesucht werden, damit der Reim deutlich wird. Nach und nach ordnen die Kinder allen Karten die entsprechenden Materialien zu.

Beispiel:
Das Kind deckt die oberste Karte auf. Eine Feder ist abgebildet. Das Kind überlegt, was sich auf Feder reimt und entdeckt auf dem Tisch das Lederstück. Es legt Leder neben das Bild der Feder. Mit allen anderen Karten verfährt es ebenso.

Mit den Bildkarten können die Kinder alleine, ohne die Hilfe eines Erwachsenen arbeiten.

Den Reim „sehen"

Damit Kinder den Reim nicht nur hören, sondern auch sehen können, sollten Sie entsprechende Bildkarten mit den Namen der Gegenstände herstellen.

Auf einer solchen Karte ist zunächst der entsprechende Gegenstand dargestellt (gemalt, fotografiert oder aus einer Zeitschrift ausgeschnitten). Darunter steht der Name. Die Buchstaben, die den Reim ergeben und sich in den Reimwörtern daher wiederholen, werden farbig gestaltet.

Die Kinder können nun die einzelnen Reimkarten mit gleichen Buchstaben einander zuordnen. Die passenden Gegenstände ergänzen das Bild. Durch das farbige Hervorheben der Reimendungen wird der Reim für Kinder im Schriftbild sichtbar.

Ältere Kinder, die sich im Leseprozess üben, ordnen lose Namenkarten zu Reimgruppen und legen die entsprechenden Gegenstände dazu.

Beispiel:

HOSE	ROSE	KLEE	TEE

Hier einige Beispiele für Mehrfachreime:
- Rose – Hose – Dose
- Maus – Haus – Nikolaus
- Seil – Keil – Beil
- Seife – Schleife – Pfeife
- Bein – Stein – Schwein
- Kreis – Reis – Eis
- Welt – Zelt – Geld
- Wiege – Fliege – Ziege
- Block – Rock – Stock
- Topf – Knopf – Zopf
- Bett – Brett – Tablett
- Klee – Tee – Fee – Gelee – Kaffee – Frottee
- Spange – Zange – Kanne – Wanne – Tanne – Schlange – Pfanne

Gleich und doch nicht gleich — Teekesselchenspiele

Die deutsche Sprache kennt viele Begriffe, die mehrdeutig sind. Je nach Aussprache, Schreibweise oder semantischen/etymologischen Wurzeln der Wörter unterscheiden wir:

Polyseme: Wörter mit gleicher Schreibweise, gleicher Aussprache und gleichem Bedeutungsursprung (brennen = in Flammen stehen, Schmerzen haben);

Homonyme: Wörter mit gleicher Schreibweise und gleicher Aussprache, aber unterschiedlichem Bedeutungsursprung (Elf = Fabelwesen / die Zahl Elf);

Homophone: Wörter mit gleicher Schreibweise, aber unterschiedlicher Aussprache (modern = faulen / der Mode entsprechend);

Homographe: Wörter mit gleicher Aussprache, aber unterschiedlicher Schreibweise (Wahl – Wal).

In der Arbeit mit Kindern kommen die Fachbezeichnungen natürlich nicht zur Anwendung und es findet auch keine strikte Trennung der unterschiedlichen Gruppen statt. Hier spielen vor allem Homonyme eine große Rolle, die viele Menschen bereits aus ihren Kindertagen kennen. Umgangssprachlich bezeichnen wir sie als „Teekesselchen". Während wir uns im täglichen Sprachgebrauch bemühen, mehrdeutige Wörter in einen sinnvollen Kontext zu bringen, ist die Vieldeutigkeit eines Wortes in diesem Spiel ausdrücklich gewollt.

Die Teekesselchenkiste

Wie bereits erwähnt, kennt die deutsche Sprache eine Vielzahl mehrdeutiger Wörter.

In der Arbeit mit den Kindern eignen sich vor allem wieder solche Begriffe, die wir ihnen als reale Gegenstände zur Verfügung stellen können. Neben einigen unbekannten Materialien müssen natürlich überwiegend Gegenstände zum Einsatz kommen, die die Kinder in ihrem direkten Lebensumfeld wiederfinden.

Achten Sie bei der Wahl des Kartons darauf, dass zwei Kammern vorhanden sind. Hier können die Kinder alle Materialien nach dem

Spiel getrennt voneinander einsortieren und sich somit unbewusst über das eigentliche Spiel hinaus noch einmal mit dem Prinzip der Mehrdeutigkeit beschäftigen.

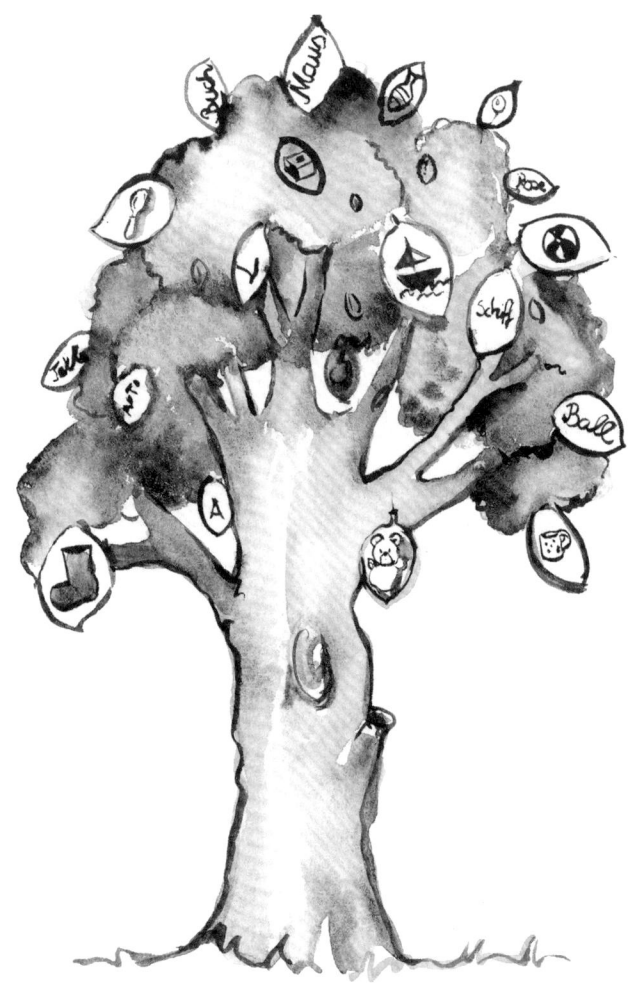

INHALT DES KARTONS

- Dominostein = Spielstein, Keks
- Bank = Sitzgelegenheit, Gebäude
- Blatt = Baum, Papier
- Fliege = Tier, Kleidungsstück
- Nagel = Werkmaterial, Fingernagel
- Nadel = Nähwerkzeug, Baumnadel
- Kerze = Autozubehör, Licht
- Uhu = Vogel, Kleber
- Drache = Tier, Flugobjekt
- Feder = Tierfeder, Sprungfeder
- Schild = Ritter, Verkehrsschild
- Brücke = kleiner Läufer, Brücke
- Birne = Obst, Glühbirne
- Brett = Holzstück, Spielfläche
- Hahn = Tier, Wasserhahn
- Schloss = Türverriegelung, Gebäude

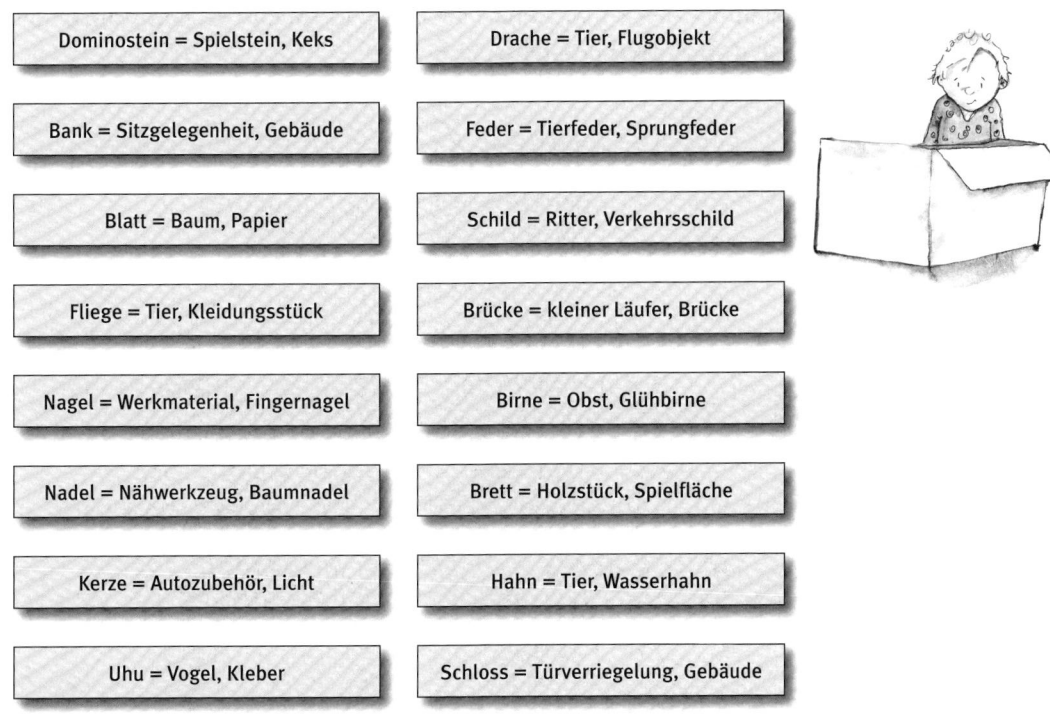

SPIELIDEEN MIT DER TEEKESSELKISTE

Wie heißen wir?

Alle Gegenstände werden aus dem Karton herausgenommen und auf der Spielfläche ausgebreitet. Selbstverständlich kommt es hier zu einer ersten Benennung der Materialien. Fragen Sie die Kinder, ob sie den jeweiligen Gegenstand kennen und wissen, wie er heißt.

Motivieren Sie sie zum freien Erzählen. Was wissen sie, außer dem Namen, über die einzelnen Gegenstände zu berichten?
Vielleicht fällt dem ein oder anderen Kind hier schon auf, dass zwei Dinge den gleichen Namen haben.

Gleich und gleich gesellt sich gern

In diesem Spiel sollen die Kinder erkennen, dass zwei Gegenstände den gleichen Namen haben, obwohl es sich um unterschiedliche Dinge handelt.
Die Materialien werden auf dem Tisch ausgelegt und zunächst einzeln benannt. Erkennen die Kinder, dass sich Bezeichnungen wiederholen, werden die entsprechenden Gegenstände nebeneinander gelegt.
Sollten die Kinder nicht bemerken, dass hier für zwei Gegenstände die gleichen Namen benutzt werden, so machen Sie sie darauf aufmerksam.
Nach und nach werden alle Wortpaare gesucht und zugeordnet.

Teekesselchen

Dieser Spielklassiker darf hier natürlich nicht fehlen. Zwei Kinder wählen aus der Kiste die beiden Gegenstände mit gleichen Namen aus. Die Mitspieler müssen während dieser Zeit die Augen schließen oder sich umdrehen. Nach einer kurzen Denkminute kann das Spiel beginnen.

Beispiel.
Das erste Kind sagt: „Mein Teekesselchen ist lebendig." Der zweite Spieler gibt nun Auskunft über sein Teekesselchen: „Mein Teekesselchen habe ich zu Hause stehen!" Nach und nach werden so immer mehr Informationen an die Gruppe weitergegeben. Kann die Gruppe erraten, welchen Gegenstand die beiden Spieler in den Händen halten? Ist das Rätsel gelöst, können zwei andere Kinder ihren Mitspielern ein Teekesselchen vorstellen.

Partnersuche

Alle Materialien werden an die Kinder verteilt. Jeder schaut sich zunächst an, was er in den Händen hält, ohne den Gegenstand einem anderen Kind zu zeigen.
Auf ein zuvor vereinbartes Zeichen hin sucht nun jeder seinen Partner, d.h. das Kind, das den Gegenstand mit dem gleichen Namen besitzt.

Beispiel:
Tobias bekommt das Schloss (zum Verschließen), Stefan erhält ebenfalls das Schloss (Königshaus). Beide müssen schnell erkennen, dass die Gegenstände, die sie jeweils in den Händen halten, den gleichen Namen haben. Welches Paar kommt zuerst zusammen?

Gegensätze ziehen sich an — Spielideen mit Antonymen

Antonyme sind Wörter mit entgegengesetzter Bedeutung: hell – dunkel, dick – dünn. Diese „Gegenworte" erleichtern es uns, Dinge zu klassifizieren. Wir wägen dabei zunächst zwischen dem einen Extrem und dem anderen ab, unterscheiden z. B. erst zwischen klein und groß, bevor uns weitere Nuancen bewusst werden.
Antonyme finden sich nur innerhalb eines relativ kleinen Teils des Wortschatzes, denn sie sind an das Vorhandensein qualitativer Merkmale gebunden. Vor allem Adjektive und mit ihnen in Relation stehende Substantive und Verben lassen sich gegensätzlich ausdrücken:

Beispiel: leicht – schwer,
          Leichtigkeit – Schwere,
          leicht sein – schwer sein

Antonyme können wir graduieren, z. B. der Kleinste – der Größte.

DER KARTON DER GEGENSÄTZE

Um Kindern deutlich zu machen, was „Gegensatz" bedeutet, müssen wir zunächst Gegenstände benutzen, deren Eigenschaften das Kind bereits kennt. Diese werden nebeneinander gelegt, also einander gegenüber gestellt. Je extremer die Gegensätze dargestellt werden, um so leichter kann dem Kind die Gegensatzerfassung gelingen.
So kann eine Feder und ein danebenliegendes Gewicht aus Blei leicht und schwer verdeutlichen. Eine dünne Nähnadel und eine danebenliegende, dicke Stopfnadel machen die Gegensätze spitz und stumpf nicht nur sichtbar, sondern auch fühlbar.

Stellen Sie die Materialien im Karton der Gegensätze daher so zusammen, dass die Antonyme nach Möglichkeit über viele Sinneskanäle vom Kind wahrgenommen werden können.
Auch hier ist es sinnvoll, einen Karton zu wählen oder herzurichten, der zwei Kammern besitzt. Die Kinder können sich beim Einsortieren noch einmal mit den Gegensatzpaaren auseinander setzen und entsprechend Ordnung schaffen.

INHALT DER SCHACHTEL

Verstehen Sie die folgende Auswahl bitte nur als eine Möglichkeit. Orientieren Sie sich beim Zusammenstellen des Kartons am Entwicklungsstand und den Interessen der Kinder.

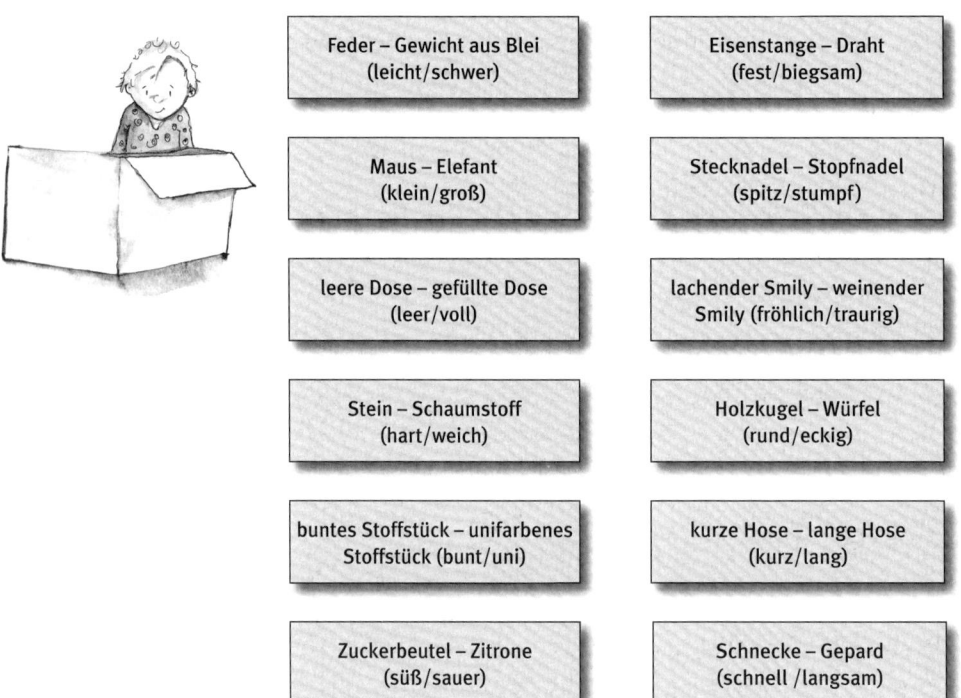

- Feder – Gewicht aus Blei (leicht/schwer)
- Maus – Elefant (klein/groß)
- leere Dose – gefüllte Dose (leer/voll)
- Stein – Schaumstoff (hart/weich)
- buntes Stoffstück – unifarbenes Stoffstück (bunt/uni)
- Zuckerbeutel – Zitrone (süß/sauer)
- Eisenstange – Draht (fest/biegsam)
- Stecknadel – Stopfnadel (spitz/stumpf)
- lachender Smily – weinender Smily (fröhlich/traurig)
- Holzkugel – Würfel (rund/eckig)
- kurze Hose – lange Hose (kurz/lang)
- Schnecke – Gepard (schnell/langsam)

Spielideen mit den Gegensätzen

Wer, wie, was ist denn das?

Packen Sie die Gegenstände mit den Kindern aus dem Karton. Legen Sie sie für alle gut sichtbar und erreichbar aus. Schauen Sie sich jedes Teil gemeinsam mit den Kindern sehr genau an. Lassen Sie die Kinder beschreiben, was sie sehen, wie sich die Dinge anfühlen, welche Namen sie haben.
Fragen Sie die Kinder, ob sie eine Idee haben, warum gerade diese Gegenstände zusammen in dem Karton liegen. Machen Sie sie darauf aufmerksam, sich die Materialien noch einmal in Bezug auf ihre Eigenschaften genauer anzuschauen. Haben die Kinder keine Idee, so wählen Sie ein Gegensatzpaar aus und stellen Sie es ihnen vor.
Nach und nach werden alle Paare zugeordnet. Natürlich sind immer wieder unterschiedliche Kombinationen möglich. Nicht nur der Stein und der Schaumstoff können hart und weich darstellen. Auch die Holzkugel und der Schaumstoff können als Gegensatzpaar gelten.

Gegensätze-Memory

Der Elefant, die Stopfnadel, der Zuckerbeutel, der Stein usw. liegen auf dem Tisch. Die Gegensätze (die Maus, die Stecknadel, die Zitrone, der Schaumstoff, usw.) kommen in den Tastbeutel.

Das erste Kind zieht nun einen Gegenstand aus dem Beutel. Es benennt dessen Eigenschaft und sucht auf dem Tisch das entsprechende Pendant. Beide Materialien werden nebeneinander gelegt. Das nächste Kind ist an der Reihe. Das Spiel ist beendet, wenn alle Paare zugeordnet sind.

Gegenteil, wo bist du?

Alle Gegenstände wandern in den Tastbeutel. Dieser wird im Kreis reihum weitergegeben. Jedes Kind zieht „blind" ein Teil heraus. Nachdem alle Zeit hatten, sich ihren Gegenstand genau zu betrachten und zu überlegen, welche Eigenschaft er besitzt, beginnt das Spiel. Alle Kinder suchen nun das Kind mit dem Gegenstand, der das Gegenteil ihres eigenen Materials deutlich macht.
Älteren Kindern macht es Spaß, auf Zeit zu spielen und herauszufinden, welches Paar zuerst zusammen kommt.

„Wie ist ...?"

Die Gegenstände befinden sich auf dem Tisch. Spielen jüngere Kinder dieses Spiel, ist es sinnvoll, dass die Gegensatzpaare zuvor gemeinsam gesucht und nebeneinander angeordnet werden. Bei älteren Kindern können alle Materialien durcheinander ausliegen.

Lesen Sie die folgenden Reime vor. Hier wird immer eine Eigenschaft genannt. Die Kinder sollen das Gegenteil finden.

Ein Elefant ist groß, das weiß jedes Kind. Doch wie ist eine Maus? Sag es geschwind!	Eine Maus ist klein, das weiß jedes Kind. Doch wie ist ein Elefant? Sag es geschwind!
Eine Feder ist leicht, das weiß jedes Kind. Doch wie ist ein Gewicht aus Blei? Sag es geschwind!	Blei ist schwer, das weiß jedes Kind. Doch wie ist eine Feder? Sag es geschwind!

Alle weiteren Gegenstände lassen sich mühelos in diese kleinen Verse einbauen, so dass nach jedem Gegensatzpaar gefragt werden kann.

Zuordnungsspiel

Ein Kind verlässt den Raum. Die restlichen Gruppenmitglieder suchen sich aus dem Materialvorrat einen Gegenstand aus, den sie mit ihrem Körper darstellen. Die Materialien werden wieder eingesammelt. Das Kind, das zuvor den Raum verlassen hat, wird hereingerufen. Es erhält das Körbchen mit den Materialien und soll diese den entsprechenden Kindern zuordnen, die den Begriff darstellen.

Beispiel:
Tim steht kerzengerade. Seine gestreckten Arme hat er nach oben geführt. Seine Hände liegen gegeneinander und zeigen ebenfalls nach oben. Das Kind, das zuvor den Raum verlassen hat muss erkennen, das Tim den Begriff „spitz" darstellt und ihm den entsprechenden Gegenstand (= die Nadel) zuordnen.

Hier geht es zunächst noch nicht darum, die Gegensatzpaare deutlich zu machen. Dies ist Aufgabe in dem folgenden Spiel.

Gegensätzliches in Bewegung bringen

Auch bei diesem Spiel geht es darum, die Gegensätze mit dem Körper darzustellen. Verteilen Sie alle Materialien an die Kinder. Zunächst muss jedes Kind seinen Partner finden.

Beide überlegen nun, wie sie die Eigenschaften, die das Material vorgibt, mit ihrem Körper darstellen können.

Beispiel:
Groß – klein:	Ein Kind streckt sich nach oben, der Partner kauert sich auf den Boden.
Lang – kurz:	Ein Kind legt sich ausgestreckt auf den Boden, der Partner legt sich im Fersensitz daneben.
Spitz – stumpf:	Ein Kind steht kerzengerade und führt die Hände über dem Kopf als Spitze zusammen. Der Partner formt mit den ausgestreckten Armen einen Bogen.
Gerade – krumm:	Ein Kind steht ganz steif, der Partner nimmt eine gekrümmte Haltung ein.
Hart – weich:	Ein Kind spannt einen Oberarmmuskel an, der Partner deutet auf seinen schlaffen Muskel.

Die einzelnen Paare stellen sich der Gruppe vor. Können die Mitspieler erkennen, was hier gemeint ist?

Paare finden

Ein Kind verlässt den Raum. Verteilen Sie die Gegenstände an die Kinder. Jedes Kind sucht sich einen Platz und stellt die Eigenschaft, die sein Gegenstand verdeutlicht, mit dem Körper dar. Das Kind vor der Tür wird wieder hereingerufen. Es soll anhand der Körperhaltung der Kinder erkennen, was hier dargestellt wird und die entsprechenden Gegensatz-Paare zusammenbringen. Die Kinder sollen während des Spiels nicht sprechen. Ist die Arbeit beendet, nimmt jedes Kind den Gegenstand, den es darstellt, in die Hand. Nun lässt sich kontrollieren, ob wirklich alle Paare zusammenpassen.

Wer findet den Reim?

Hier hilft der Reim, die Gegenstände zu finden. Alle Materialien werden wieder auf dem Spielfeld ausgelegt.
Lesen Sie die Reime vor. Die Kinder finden zunächst die gesuchte Eigenschaft. Welcher der vorhandenen Gegenstände entspricht dem gefundenen Begriff?

Ist es nicht groß, so ist es …! (klein = die Maus)	Ist es nicht leicht, so ist es …! (schwer = das Gewicht aus Blei)
Ist es nicht uni, kann es … nur sein! (bunt = Stoffstück)	Ist es nicht gefüllt, dann ist es …! (leer = Dose)

Die Kinder legen die jeweiligen Gegenstände nebeneinander. Sprechen Sie nun noch einmal die Reime und deuten Sie dabei dem Text entsprechend auf die Materialien.

„Bring mir …!"

Ein Teil der Materialien wird auf der Spielfläche ausgelegt. Die Gegenstände, die das Gegenteil darstellen, legt das Kind auf einen anderen Tisch im Raum.
Wählen Sie nun ein Teil aus. Das Kind soll es benennen (z. B. Feder), die entsprechende Eigenschaft angeben (leicht), den Gegenpart bringen (Gewicht aus Blei) und ihn benennen (schwer). Beide Teile werden nebeneinander gelegt. Das Spiel dauert so lange, bis alle Paare gefunden sind.

In, auf, oben, unter – Spiele rund um die Präpositionen

Präpositionen kennzeichnen die Beziehung, das Verhältnis zwischen Wörtern. Sie geben dabei nicht nur Auskunft über die räumlichen Positionen, die Gegenstände oder Personen zueinander einnehmen, sondern beschreiben zudem zeitliche und logische Sachverhalte. Präpositionen werden auch als Verhältniswörter bezeichnet. Sie stehen immer vor einem Substantiv und bleiben in ihrer Form stets gleich.

In den folgenden Übungen spielen vor allem solche Präpositionen eine Rolle, die räumliche Beziehungen klären. Begriffe wie auf, in, unter, vor, hinter, neben, zwischen, über werden mit realen Gegenständen spielerisch erfahren und geübt.
Die Spiele tragen nicht nur zur Sprachförderung bei. Sie trainieren zudem die Raum-Lage-Orientierung der Kinder und helfen ihnen, sich auch im erweiterten Raum (Sprache, Mathematik, Schreiben …) besser zurecht zu finden.

Die Schachtel mit Hunden

Tiere, insbesondere Hunde, wecken immer wieder das Interesse der Kinder. Die Faszination, die Hunde anscheinend auf die meisten Kinder ausüben, gilt es zu nutzen.
Kleine Spielzeughunde aus Gummi oder Plastik finden Sie inzwischen in reicher Auswahl in den Spielwarenabteilungen. Sehr viele Hunderassen sind dort mittlerweile erhältlich.

DER INHALT DES KARTONS

> Ein Puppenbett,
> mehrere kleine Spielzeughunde
> aus Plastik oder Gummi

SPIELIDEEN RUND UM DEN HUND

Spielzeit

Nehmen Sie die Hunde einzeln aus der Schachtel und überlegen Sie gemeinsam, zu welcher Art die verschiedenen Tiere gehören. Lassen Sie die Kinder ausführlich über ihre Erfahrungen mit Hunden berichten.
Geben Sie ihnen zudem reichlich Zeit, um mit den Tieren zu spielen. Im Rollenspiel haben die Kinder die Gelegenheit, sich die Tiere in Ruhe anzuschauen, Unterschiede festzustellen, sich deren Namen einzuprägen und ihren Spieldrang zu befriedigen.

Bildkarten

Stellen Sie kleine Fotokarten her, auf denen sowohl nur ein Hund, als auch mehrere Hunde in unterschiedlichen Positionen zum Bett zu sehen sind.
Das Kind legt sie aus und stellt die auf dem Foto gezeigte Situation mit dem Puppenbett und den Tieren nach.
Für Kinder, die bereits lesen können, bietet es sich an, auf die Rückseite der Karten einen kurzen Satz zu schreiben, z. B.:

Stelle einen Hund <u>vor</u> das Bett.
Setze den Dackel <u>hinter</u> das Bett.

Das Kind legt alle Bildkarten mit dem Text nach oben auf einen Stapel. Es nimmt die oberste Karte, liest den Auftrag und führt ihn aus. Dann dreht es die Karte um. Anhand des Bildes kann es kontrollieren, ob es die Aufgabe richtig ausgeführt hat.

Hundetreffen

Alle Gegenstände liegen auf dem Tisch. Fordern Sie das Kind auf, das Bett vor sich zu stellen. Alle Hunde sollen sich nun an den von Ihnen vorgegebenen Orten treffen (vor dem Bett, neben dem Bett, hinter dem Bett, in dem Bett, auf dem Bett, unter dem Bett).
Das Kind führt jeden Hund einzeln zu der angegebenen Position.

Eine Hunde-Mitmachgeschichte

„Stellt euch vor, Frau Meyer besitzt fünf Hunde: einen großen Schäferhund, einen kleinen Pudel, einen Spitz, einen Dackel und einen Mops. (Die einzelnen Hunde den Kindern beim Benennen zeigen!) Jedes Tier hat seinen Lieblingsplatz. So sitzt der Schäferhund am liebsten <u>neben</u> dem Bett von Frau Meyer. Der kleine Mops verschwindet immer <u>unter</u> dem Bett. Der Spitz liegt am allerliebsten <u>im</u> Bett. Der Lieblingsplatz des Dackels ist <u>vor</u> dem Bett und sein Freund, der Pudel sitzt immer <u>neben</u> ihm. So saßen die Tiere tagtäglich auf ihren Lieblingsplätzen im Schlafzimmer von Frau Meyer.
Aber eines Tages kam Frau Meyer vom Einkaufen nach Hause und nichts war, wie es immer war. Denn plötzlich lag der kleine Mops <u>im</u> Bett und der Schäferhund saß <u>davor</u>. Der Spitz hatte sich <u>unter</u> dem Bett verkrochen und der Dackel lag mit seinem Freund, dem Pudel <u>neben</u> dem Bett. Das irritierte Frau Meyer sehr.
Sie ließ ein ordentliches Donnerwetter los und plötzlich lief jeder Hund wieder zu dem Platz, an dem er all die Jahre am liebsten saß. Der Schäferhund setzte sich wieder <u>neben</u> das Bett. Der kleine Mops verschwand wieder <u>unter</u> dem Bett. Der Spitz sprang schnell <u>in</u> das Bett. Der Dackel setzte sich <u>vor</u> das Bett und sein Freund, der Pudel, nahm <u>neben</u> ihm Platz.
Da freute sich Frau Meyer, dass alles wieder so war wie immer. Sie lobte ihre Hunde und gab jedem ein kleines Leckerli."

„Vor, hinter, neben, sag mir genau ..."

Zu diesem Spiel benötigen Sie nur das kleine Bett und einen Hund. Stellen Sie den Hund immer wieder in unterschiedlichen Positionen zum Bett auf. Sprechen Sie zwischendurch den folgenden Vers:

„Vor, hinter, neben, sag mir genau,
wo macht der Hund gerade ‚wau-wau'"?

Das Kind benennt in einem vollständigen Satz den Platz, an dem der Hund sich befindet.

Tastspiel

Nachdem einem Kind die Augen verbunden wurden, bringen Sie den Hund und das Bett in Position zueinander. Das Kind soll nun fühlen, wo der Hund steht / sitzt / liegt. Befindet er sich vor dem Bett, in dem Bett, unter oder neben dem Bett?
Ist die richtige Raumlage erkannt und benannt, darf das Kind die Augenbinde abnehmen und seine Aussage kontrollieren. Dann geht das Spiel weiter.

Natürlich macht es den Kindern besonders viel Spaß, wenn auch Sie sich einmal die Augen verbinden lassen und eine vom Kind gestellte Position erkennen müssen.

„Stell dich vor, daneben, hinter ..."

In diesem Spiel wird das Kind mit seinem eigenen Körper in unterschiedliche Positionen zu einem der Hunde gebracht.
Geben Sie dazu bestimmte Aufgaben:
- Stell dich neben den Hund / stell den Hund neben dich.
- Nimm den Hund in deine (rechte/linke) Hand.
- Setze den Hund auf deinen Kopf.
- Platziere den Hund auf deiner (rechten/linken) Schulter.
- Stell den Hund vor dich/stell dich vor den Hund.

Schwieriger wird es, wenn die Kinder zusätzlich das Bett in das Spiel mit einbeziehen.

Beispiel:
„Stelle das Bett neben dich. Setze den Hund auf das Bett."

Ein Bild stellen

Sie benötigen mindestens 10 kleine Hunde und zwei Betten. Zwei Kinder spielen zusammen. Sie sitzen nebeneinander. Eine Trennwand aus Büchern o. Ä. verhindert, dass die beiden sehen, was der Nachbar macht.
Ein Kind gestaltet mit seinen Hunden ein Bild, indem es die Tiere an unterschiedliche Stellen setzt (ins Bett, neben das Bett usw.).

Es beschreibt nun seinem Mitspieler die einzelnen Positionen der Hunde. Der Partner bringt seine Tiere ebenfalls an die angegebenen Stellen. Die Trennwand wird entfernt und kontrolliert, ob beide Bilder miteinander übereinstimmen.

Die Kinder tauschen die Rollen und das Spiel beginnt erneut.

Hundespaziergang

In diesem Spiel werden die Hunde in Beziehung zu den Gegenständen des Raumes gebracht. Geben Sie dem Kind dazu kleine Aufträge, die es erfüllen soll. Diese sind in eine kleine Geschichte eingebettet. Das Kind unternimmt mit den Hunden kurze Spaziergänge und führt sie zu unterschiedlichen Plätzen. Von dort bringt es sie auch immer wieder zu Ihnen zurück.

Beispiel:
„Setze einen Hund neben den großen Blumentopf auf der Fensterbank!"
„Führe einen Hund in die Leseecke und setze ihn dort auf ein Bilderbuch."
„Spaziere mit einem Hund durch den Raum und setze ihn unter den Heizkörper."
„Bring den Hund zurück, der in dem Waschbecken sitzt."

Einen kurzen Augenblick

Neben den Hunden und dem Bett benötigen Sie zu diesem Spiel eine stabile Pappe.
Während das Kind wegschaut, bringen Sie einen der Hunde in eine beliebige Position zu dem Bett. Halten Sie nun die Pappe vor die Szene.
Zählen Sie mit dem Kind bis drei. Bei drei ziehen Sie die Pappe für einige Sekunden zur Seite. Das Kind kann einen kurzen Blick auf die Gegenstände werfen, bevor die Pappe wieder alles verdeckt.
Diesen kurzen Blick muss es nutzen, um die Position des Hundes zum Bett zu erkennen. Kann es den Platz benennen, den der Hund einnimmt?

Für ältere Kinder kann die Aufgabe etwas schwieriger gestaltet werden: Das Kind muss blitzschnell erkennen, wo sich ein ganz bestimmter Hund befindet. Zeigen Sie dem Kind vor Spielbeginn zwei bis drei Tiere und benennen Sie sie. Stellen Sie die Hunde auf und verdecken Sie wieder alles mit der Pappe. In der kurzen Zeitspanne, in der Sie die Pappe wegziehen, soll das Kind herausfinden, wo z. B. der Schäferhund steht.

Der, die, das, was ist was? —
Spiele rund um die Artikel

Artikel sind Begleiter der Substantive und werden nur in Verbindung mit diesen gebraucht. Doch wir kennen auch einige Wörter, die in der Regel im Sprachgebrauch ohne Artikel benutzt werden (Ostern, Berlin, Deutschland, Rheinland-Pfalz, Europa, Haribo, usw.).
Die drei bestimmten Artikel der, die, das machen deutlich, dass hier von etwas bereits bekanntem die Rede ist: Der Stern leuchtet hell – ein Stern leuchtet hell. Artikel stehen immer vor dem Substantiv. Sie werden auch als Geschlechtswort bezeichnet, denn sie bestimmen das grammatische Geschlecht des Substantivs.

Leider existiert keine feste Regel, wie die einzelnen Artikel der Substantive bestimmt werden. In einigen Fällen stimmen Geschlechtswort und tatsächliches Geschlecht überein (der Mann, der Vater, der Hund, die Mutter, die Schwester, die Hündin).
Als weitere Schwierigkeit kommt hinzu, dass viele Substantive im Plural einen anderen Artikel besitzen als im Singular (das Haus, die Häuser).
Das erschwert natürlich das Erlernen der deutschen Sprache, deshalb muss im Spracherwerbsprozess unbedingt darauf geachtet werden, dass Substantive immer mit den entsprechenden Artikeln gelernt werden.

DER ARTIKEL-KARTON

Achten Sie bei der Wahl der Gegenstände auf die jeweiligen Begleiter. Sammeln Sie zu jedem Artikel acht bis zehn Materialien.

Da Sie die Gegenstände mühelos in Ihrem Umfeld finden, sollten Sie die Kiste von Zeit zu Zeit komplett mit anderen Materialien füllen. Orientieren Sie sich dabei an den momentanen Interessen der Kinder und beziehen Sie sie in diese Arbeit mit ein.

INHALT DER ARTIKELKISTE

der Knopf	die Perle	das Seil
der Spitzer	die Nuss	das Auto
der Löffel	die Wäscheklammer	das Haus
der Hund	die Blume	das Schwein
der Nagel	die Kette	das Boot
der Kaugummi	die Katze	das Lineal
der Ring	die Schraube	das Foto
der Strumpf	die Nudel	das Bonbon
der Stein	die Seife	das Nähgarn
der Würfel	die Murmel	das Flugzeug

Spiele rund um die Artikel

Raus aus der Kiste

Stellen Sie die Kiste auf den Tisch und nehmen Sie nacheinander die Gegenstände heraus. Lassen Sie die einzelnen Dinge von den Kindern benennen und achten Sie darauf, ob der richtige Artikel zugeordnet wird. Dabei können Sie schnell erkennen, welche Kinder Schwierigkeiten bei der Artikelzuordnung haben und welche Gegenstände bekannt oder unbekannt sind.

„Der, die, das – was ist was?"

Alle Gegenstände liegen auf der Arbeitsfläche. Mit drei Seilen legen die Kinder drei Kreise nebeneinander. In diese Kreise werden nun die Gegenstände einsortiert.
In den ersten Kreis kommen alle Teile mit dem Artikel *der*, in den zweiten Kreis alle mit dem Artikel *die* und in den dritten Kreis alle mit dem Artikel *das*.

Damit die Kinder wissen, welcher Gegenstand in welchen Kreis gehört, sprechen Sie den Satz:

„Der, die, das – was ist was?"

Bei jedem genannten Artikel zeigt das Kind auf den entsprechenden Kreis. Es nennt den Gegenstand, den es in der Hand hält und legt ihn in den passenden Kreis. Nach und nach werden alle Gegenstände zugeordnet.

Was stimmt hier nicht?

Sind alle Gegenstände nach ihren Artikeln sortiert, können Sie ein kleines Tauschspiel starten. Während die Kinder sich umdrehen, wählen Sie einen beliebigen Gegenstand aus und legen ihn in einen anderen Kreis. Die Kinder betrachten die Kreise. Wer zuerst den Fehler entdeckt, darf ihn korrigieren und in der nächsten Runde einen Gegenstand umplatzieren.

„Der, die, das – wer hat was?"

Dies ist ein Spiel für bis zu fünf Kinder.
Die Kiste mit den Gegenständen wandert einmal im Kreis herum. Jedes Kind nimmt sich einen Gegenstand heraus und versteckt ihn in seiner Faust oder in beiden Händen, bzw. hinter dem Rücken.
Alle geschlossenen Fäuste/Hände werden nach vorne gehalten. Große Gegenstände bleiben hinter dem Rücken versteckt. Gemeinsam sprechen die Kinder den Satz:

„Der, die, das – wer hat was?"

Jeder öffnet nun seine Faust/Hände, so dass der darin versteckte Gegenstand zu sehen ist. Die Kinder stellen ihr gewähltes Teil den anderen mit dem passenden Artikel vor. Wer einen Gegenstand mit Artikel gewählt hat, den sonst kein Kind in der Hand hält, bekommt einen Spielchip. Die Materialien wandern wieder zurück in den Karton und das Spiel kann von Neuem beginnen. Wer am Ende die meisten Spielchips besitzt, ist der Sieger.

Beispiel:
Klaus wählt den Stein, Nina die Perle, Tim das Huhn, Anna die Nuss. Diese Spielrunde gewinnen Klaus und Tim, denn sie halten Gegenstände mit den Artikeln *der* und *das* in den Händen. Sie dürfen sich je einen Spielchip nehmen. Nina und Anna gehen leer aus, denn sie haben beide leider Gegenstände mit dem gleichen Artikel gewählt (die Nuss, die Perle).

Artikel-Memory

Alle Gegenstände kommen in den Fühlbeutel. Ein Kind greift hinein und zieht wahllos ein Teil heraus. Es schaut sich den Gegenstand an und benennt ihn mit dem entsprechenden Artikel. Es greift erneut in den Fühlbeutel und muss nun etwas mit dem gleichen Artikel finden. Stimmen beide Artikel überein, wandern die Gegenstände zurück in den Beutel. Das Kind erhält einen Spielchip und der nächste Spieler ist an der Reihe. Hat das Kind ein Teil mit anderem Artikel gezogen, bekommt es keinen Spielchip.

Die Artikel-Drehscheibe

Basteln Sie aus Pappe eine Drehscheibe mit Pfeil. Sie muss in drei Felder unterteilt werden. Auf jedem Feld steht ein Artikel. Die Gegenstände aus der Artikelkiste liegen gut sichtbar auf dem Tisch. Ein Kind bedient die Scheibe. Der Pfeil bestimmt den Artikel, nach dem die Kinder nun suchen müssen.

Paul dreht die Scheibe. Der Pfeil bleibt im Artikelfeld *der* stehen. Carla schaut sich die Gegenstände auf dem Tisch schnell an und ruft: „Der Löffel!" Sie erhält für diese richtige Antwort einen Punkt. Carla darf nun die Scheibe drehen. Wer am Ende die meisten Punkte hat, gewinnt.

Familientreffen

Die Gegenstände werden an die Kinder verteilt. Während sich alle im Raum zur Musik bewegen, hat jeder Zeit zu überlegen, welcher Artikel zu seinem Teil gehört. Setzt die Musik aus, heißt es: „Familientreffen!"
Alle Kinder, die einen Gegenstand in der Hand halten, der den Artikel *der* trägt müssen sich finden. Ebenso versuchen die Kinder mit Gegenständen, die die Artikel *die* und *das* haben, möglichst schnell zusammenzukommen.
Die Familie, die es zuerst schafft, alle „Familienmitglieder" zu versammeln, hat gewonnen.

„Das ist der Knopf!"

Die Kinder stehen im Kreis dicht nebeneinander und halten die Hände auf dem Rücken. Geben Sie jedem Kind einen Gegenstand aus der Artikelkiste in die Hände. Die Materialien wandern nun von Kind zu Kind im Kreis herum, bis sie „Stopp!" sagen. Jedes Kind muss nun genau fühlen, was es in den Händen hält. Reihum werden die Gegenstände in die Kreismitte gehalten und mit dem Satz: „Das ist …" den anderen vorgestellt. Dabei kommt es natürlich darauf an, den Gegenstand mit dem richtigen Artikel zu benennen.
Hat jedes Kind sein Teil vorgestellt, wandern die Hände wieder auf den Rücken und das Spiel geht einfach weiter.

Würfelspiel

Ein Blanko-Würfel wird auf zwei Seiten mit einer Frau, auf zwei Seiten mit einem Mann und auf zwei Seiten mit einem Haus bemalt.

Alle Materialien liegen auf der Spielfläche. Ein Kind würfelt. Zeigt der Würfel eine Frau, muss jedes Kind einen Gegenstand mit dem Artikel *die* greifen.
Zeigt der Würfel einen Mann, greifen alle nach einem Gegenstand mit *der* als Artikel. Ist auf dem Würfel das Haus zu sehen, muss jeder Mitspieler schnell nach einem Material mit *das* als Artikel greifen.
Hat jedes Kind einen Gegenstand in der Hand, überprüfen alle gemeinsam, ob der gewürfelte Artikel mit dem des Materials übereinstimmt. Für jedes richtig gegriffene Teil erhält der Spieler einen Spielchip. Alle Gegenstände werden wieder auf den Tisch gelegt. Das Spiel kann erneut beginnen.

„Das ist ja heiter!"

Alle Mitspieler sitzen auf Stühlen im Kreis. Die Gegenstände liegen in der Spielfeldmitte aus. Sie werden noch einmal gemeinsam mit dem passenden Artikel benannt. Dann kann das Spiel beginnen.

Nehmen Sie einen Softball zur Hand. Sprechen Sie den folgenden kleinen Vers. Am Ende werfen Sie den Ball einem Kind zu. Dieses muss dem genannten Gegenstand den passenden Artikel zuordnen und ihn benennen.

„Das ist ja heiter!
Knopf (Haus, Katze, Kerze…) hat keinen Begleiter.
Weißt du weiter?"

Nun ist das Kind an der Reihe den Vers zu sprechen und den Ball einem Mitspieler zuzuwerfen.

Beispiel:
Sie sprechen den Vers und suchen den Begleiter von Knopf. Sie werfen den Ball zu Jakob. Dieser überlegt kurz und sagt: „Der Knopf". Er spricht nun den Vers, benennt darin einen anderen Gegenstand (ohne Artikel) und wirft den Ball zu Anna. Nun muss Anna den richtigen Begleiter finden.
Das Spiel wird so lange fortgesetzt, bis alle Gegenstände genannt wurden.

Literaturverzeichnis

Baumgartner, Hans / Füssenich, Iris: Sprachtherapie mit Kindern, Ernst Reinhardt Verlag, München 2002.
Bender-Körber, Beate / Hochlehnert, Hildegund: Elternzentriertes Konzept zur Förderung des Spracherwerbs, verlag modernes lernen, Dortmund 2006.
Biermann, Ingrid: Fischers Fritz und Schneiders scharfe Schere. Spielideen zur Sprachförderung, Herder Verlag, Freiburg 2007.
Burger-Gartner, Jutta / Papillion-Piller, Angelika / Reinhart, Beate: Da sind wir. Sprachförderung für Kinder ab 2 Jahre, verlag modernes lernen, Dortmund 2006.
Fischer-Olm, Anna: Mit schöner Sprache durch das Jahr. Ein multisensorieller, sprachfördernder Lehrgang für Kindergarten, Vorschule und Grundstufe, verlag modernes lernen, Dortmund 2003.
Fischer-Olm, Anna: „... und dann hat die Erzieherin zu mir gesagt". Wie Eltern die Sprachentwicklung ihres Kindes unterstützen können, verlag modernes lernen, Dortmund 2006.
Grannemann, Petra / Loos, Roger: Praxisbuch Spracherwerb, Sprachförderung im Kindergarten, Band 1–3, Don Bosco Verlag, München 2007.
Hellrung, Uta: Sprachentwicklung und Sprachförderung, beobachten – verstehen – handeln, Herder Verlag, Freiburg.
Küspert, Petra / Schneider, Wolfgang: Hören, lauschen, staunen – Sprachspiele für Kinder im Vorschulalter, Vandenhoeck & Ruprecht, Göttingen 2000.
Lentes, Simone: Spielerisch zur Sprache. Fördereinheiten zur Erweiterung sprachlicher Fähigkeiten, verlag modernes lernen, Dortmund 2007.
Liebertz, Charmaine: Das Schatzbuch ganzheitlichen Lernens, Don Bosco Verlag, München 2006.

Maier, Wolfgang: Deutsch lernen in Kindergarten und Grundschule, Don Bosco Verlag, München 1999.

Nienkerke-Springer, Anke / Beudels, Wolfgang: Komm, wir spielen Sprache. Handbuch zur psychomotorischen Förderung von Sprache und Stimme, verlag modernes lernen, Dortmund 2003.

Oezogul, Uta: Sprachförderung für 3- bis 7-Jährige. Ausgearbeitete Stunden und Materialien für ein ganzes Jahr, Verlag an der Ruhr, Mülheim an der Ruhr 2007.

Walter, Gisela: Sprache – der Schlüssel zur Welt. Spiele und Aktionen zur ganzheitlichen Sprachförderung, Herder Verlag, Freiburg 2007.

Wilmes-Mielenhausen, Brigitte: Sprachförderung für Kleinkinder. Ideen für Krippe, Kita und Tagesmütter, Herder Verlag, Freiburg 2007.

Bewegte Sprachförderung für Kita und Schule

Antje Suhr

Sätze rollen – Wörter fliegen

Sinneswahrnehmungen, Atemübungen, Mundgymnastik, Rhythmikschulung und Ideen zur Wortschatzerweiterung: Sprache lernen auf dem neuesten Stand der Wissenschaft.

132 Seiten, mit Fotos, ISBN 978-3-7698-1704-1

Antje Suhr

Zahlen hüpfen – Buchstaben springen

Bewegung ist bestens geeignet, Lernprozesse zu unterstützen: Der Zahlenraum bis 20, die Buchstaben des Alphabets, Formen und Farben und vieles andere mehr.

120 Seiten, mit Fotos, ISBN 978-3-7698-1588-7

Heike Tenta

Literacy in der Kita

Eine Schatzkiste angefüllt mit tollen Ideen rund um lebendige Sprachbegegnung: Chinesische Schriftzeichen, Geräuschespiele, ABC-Atelier und Schreibwerkstatt.

114 Seiten, mit Illustrationen, ISBN 978-3-7698-1607-5